经典云南

卜保怡 ◎ 著

云南出版集团公司
云南教育出版社

寻访昆明抗战旧址

图书在版编目（CIP）数据

寻访昆明抗战旧址 / 卜保怡著. —昆明：云南教育出版社，2012.2
（经典云南丛书）
ISBN 978-7-5415-6220-4

Ⅰ.①寻… Ⅱ.①卜… Ⅲ.①抗日战争–文化遗址–介绍–昆明市 Ⅳ.①K878.23

中国版本图书馆CIP数据核字(2012)第015369号

书　　名	寻访昆明抗战旧址
作　　者	卜保怡
策 划 人	李安泰　杨云宝
组 稿 人	吴学云
出 版 人	李安泰
责任编辑	叶　子
装帧设计	向　炜
责任印制	赵宏斌　张　旸

云南出版集团公司
云南教育出版社 出版发行

昆明市环城西路609号 www.yneph.com

全国新华书店经销
云南新华印刷实业总公司一厂印刷
2012年6月第1版　2012年6月第1次印刷
787毫米×1092毫米　1/32开本　2.875印张　77千字

ISBN 978-7-5415-6220-4
定价 4.80元

总　序

云南，从渺远神秘而又带着蛮荒色彩的"彩云之南"走到今天，一步一个脚印跋涉在中华大地上。

云南山水，多娇诱人。

闻名遐迩的喀斯特地质奇观石林，奇妙无比。

迷人的高原深水湖泊抚仙湖，凝波如玉。

秘境香格里拉的高山草甸，杜鹃如火；巍峨雪山，苍茫古远。

低纬度的明永冰川，从古流到今；高黎贡山的各色鲜花，从冬开到夏。

大理的风花雪月，丽江的小桥流水，版纳的原始森林，腾冲的地热奇景，泸西的阿庐古洞，怒江的东方大峡谷，令人陶醉。

七彩云南，蕴涵的又何止是奇山美水?!

这里，有寒武纪早期生物大爆炸的典型：澄江动物化石群。这里，诞生了中国最古老的人类：元谋人。这里，曾崛起过古滇国、哀牢国、南诏国、大理国。这里，有蜀身毒道、秦五尺道、茶马古道、滇缅公路、驼峰航线。这里，有世界上唯一活着的象形文字"东巴文"。这里，出现了中国第一个海关、第一座水电站、第一条民营铁路。

这里，有与黄埔军校齐名的云南陆军讲武堂。

这里，爆发过反对清王朝统治的重九起义。

这里，在袁世凯复辟帝制时，率先通电全国，举起了护国运动的大旗。这里，举办过名垂青史的西南联大，并爆发了震惊全国的"一二·一"运动。这里，曾经涌现了杨振鸿、张文光、蔡锷、李根源、唐继尧、庾恩旸、刀安仁、杨杰等一个个热血汉子；这里，也曾经孕育出书法家钱南园、医药家兰茂、数学家熊庆来、军事家罗炳辉、哲学家艾思奇、音乐家聂耳、诗人柯仲平、舞蹈家杨丽萍、诗书画三绝的担当大师等文化奇才。

朱德、叶剑英，在这里留下了坚实的足迹；徐霞客、杨慎，在这里留下了自己的千古绝唱。

这里还有神奇的云南白药、剔透如玉的云子、独树一帜的普洱茶。

这里的僰人悬棺、纳西古乐、摩梭走婚、白族三道茶、彝族跳菜等滇人风貌和民族风情，更是诉说不尽。

"经典云南丛书"像一根线，把散落于这迤大地的粒粒圆润闪亮的珍珠串连起来，呈现于您的眼前，让您清晰地看到云南山水奇观、人文历史和民族风俗的经典篇章，让您在愉快的阅读体验中增加知识、增长见闻、解密未知。

"经典云南丛书"为百科式解读云南的通俗性读物，融知识性、趣味性、探秘性与时代性为一体，以一种新的视角和叙述方式展现云南的独特之美，以满足人们了解云南、探秘云南、遨游云南的愿望，希望我们所做的一切已达到了。

编　者

目 录

序言：弹坑·花园 ………………………………………………………………… 1

一、抗战丰碑——抗战胜利纪念堂 ……………………………………………… 4

二、远征英杰——滇西战役阵亡将士纪念碑遗址 ……………………………… 7

三、从这里走上抗日战场——云南陆军讲武堂旧址 ………………………… 10

四、壮士一去不复返——陈钟书旧居 ………………………………………… 13

五、团长将军安息地——严家训烈士墓 ……………………………………… 16

六、飞虎队和驼峰空运旧址 …………………………………………………… 19

1. 飞虎队 ……………………………………………………………………… 19

2. 驼峰空运 …………………………………………………………………… 20

3. 巫家坝机场旧址 …………………………………………………………… 21

4. 呈贡飞机场旧址 …………………………………………………………… 25

5. 寻甸羊街机场遗址 ………………………………………………………… 27

七、盟军将士温暖的家——战地服务团第一招待所旧址 …………………… 31

八、将军楼——驻华美军昆明司令部旧址 …………………………………… 34

九、山洞里的工厂——海口第五十三兵工厂旧址 …………………………… 37

十、航空工业的里程碑——第一飞机制造厂旧址 …………………………… 41

十一、我国战时最大的工厂——茨坝中央机器制造厂旧址 ………………… 45

十二、第一根电缆的诞生地——马街中央电工器材厂一厂旧址 …………… 48

十三、电力轧钢的发端——中国电力制钢厂旧址 …………………………… 51

十四、教育奇迹——西南联大校舍旧址 ……………………………………… 54

1. 昆华农校教学楼 …………………………………………………………… 55

2. 西南联大新校舍 …………………………………………………………… 56

十五、重任在肩——龙头村中央研究院历史语言研究所旧址 ……………… 59

十六、战火中的古建筑保护——麦地村中国营造学社旧址 ………………… 62

十七、仰望星空——抗战时期的凤凰山天文台 ……………………………… 66

十八、抗战时期的黑龙潭——云南农林植物研究所和北平研究院物理
　　　研究所旧址 …………………………………………………………… 69
十九、赤子功勋——南洋机工训练所旧址 ……………………………………… 73
二十、抗战之声——昆明广播电台及其旧址 …………………………………… 77
二十一、附　记 …………………………………………………………………… 81

序言：弹坑·花园

云南师范大学安静美丽的校园内，顺着联大路右行，是著名的"梅园"和"砚池"。一池清波倒映着石桥、红梅，格外秀丽。它们伴随着莘莘学子，度过奋发勤学的青春岁月。然而，鲜为人知的是，这寓意文墨书香的砚池曾经是抗战时期日寇飞机炸成的一个弹坑。

当年敌机轰炸时，这里是西南联合大学校址。抗战胜利后联大结束，老师北返之际，主持校务的常委梅贻琦先生慨然捐出了自己的薪俸，将这个弹坑开浚为一池塘，池边种植梅花，修建了一个小型花园。众人将其命名为"梅园"，寓意"永铭联大之精神，长留先生之德睿"。

远离昆明城的海口石龙坝水电站厂区内，有一个叫做"飞来池"的花园。进入这个约有两亩地左右的花园，再下一段石梯便可看见花园中间有一水塘，塘边广植鲜花绿树，并建有亭榭。亭子上的对联写道："电站虽小历史悠久开中国水电之始，水塘不大成因奇特记东瀛入侵之证"，横批"飞来池"。原来，这是1940年12月16日上午，7架日军飞机轰炸石龙坝发电厂，10分钟内投下9枚重型炸弹而留下的巨大弹坑。1987年该址被改造成为花园。

圆通山动物园，昆明人最爱去的公园之一。阳春三月，樱花海棠，千姿百态的各种动物面前，留下了几辈昆明人无数的欢声笑语和孩童们美好的记忆。然而，公园的负责人告诉我，进公园大门不远处的第一个动物点——可爱的小猫熊活动的低洼园地，也曾经是日本战机留下的一个巨大的弹坑。

抗战全面爆发后，华北和东南沿海城市被日军占领，西南地区成为中国抗日正面战场的重要战略后方。由于滇越铁路之便，昆明成为当时唯一国际通道的交通枢纽，大量战略物资经由越南海防港进入昆明，大批重要的工厂、大专院校和科研单位纷纷向昆明转移。昆明一时成为抗战的大后方和文化传承的重要基地，因此，昆明也成为了日军飞机轰炸的重要目标。

敌机对昆明的轰炸从1938年9月28日开始。这一天上午9时许，昆明市内响起了刺耳的警报声。当时，毫无躲避空袭经验的市民，一片慌乱，四处奔逃。很快，9架敌机飞至昆明上空，顷刻间，103枚炸弹落在小西门、潘家湾一带。巨大的爆炸声震耳欲聋，火球升腾，房屋倒塌，一片火海，血肉模糊的尸体横七竖八地倒在地上和瓦砾间，受伤者哀号惨叫之声不绝于耳。这一天，敌机炸死昆明市民94人，伤47人，毁房37间，震倒29间。

1941年，是日机轰炸昆明次数最多的一年，共34次之多，平均每个月近3次，有时居然一天内连续3次。同年12月18日，10架日机轮番轰炸昆明，炸死市民365人，制造了著名的"交三桥惨案"。

据不完全统计，从1938年9月28日开始至1943年12月的5年间，日机对昆明进行了50多次狂轰滥炸，累计轰炸居民区、街道、学校、工厂等500多处，炸死炸伤市民近3000人，炸毁房屋2万多间。当时，"跑警报"成了昆明人的家常便饭，呼啸的日本轰炸机魔鬼般蹂躏着昆明这个美丽的家园。

不过，日机丧心病狂的狂轰滥炸，没有如日军希望的那样达到摧垮我军民斗志的目的。相反，这种惨无人性的屠杀与破坏，激起的是军民的愤怒，加深的是全国军民众志成城、同仇敌忾的决心。

岁月如流，如今敌机轰炸昆明的痕迹早已消失在和平时期一轮轮建设高潮之中，那些显示敌人罪恶的弹坑早已旧迹难觅，只有少数改造为美丽的花园或小动物的游乐地的弹坑留下了依稀记忆。然而，抗日战争那段历史，却不能忘怀。我们能将弹坑建设成为美丽的花园，如同铸剑为犁，化干戈为玉帛，但我们也记得，那曾是罪恶野蛮的痕迹，和平来之不易，幸福之花凝结着血与泪。

日本军国主义的野蛮侵略，使中国陷入了前所未有的民族灾难。但是抗日战争也使得中华民族翻然觉醒，全面团结，广泛动员，顽强战斗。抗日战争是近代以来中国反抗外敌入侵第一次取得完全胜利的民族解放战争，也是中华民族走向复兴的历史转折点。正是在抗日战争胜利的基础上，中国共产党领导中国人民取得了新民主主义革命的胜利，建立了中华人民共和国，实现了中国历史上最伟大、最深刻的社会变革。

抗日战争时期的昆明，因其特殊的地理位置和地缘关系，无可替代地成为全民抗战的重要军事基地、文化中心、工业重镇和运输枢纽，具有重要的战略地位。战争，将昆明这个西南边陲城市一举推向了世界反法西斯战争的风口浪尖，也铸就了昆明历史的一段辉煌。昆明的抗战史，既是世界反法西斯和中国抗日战争史的重要组成部分，也是昆明历史的光彩篇章。

抗战结束60多年后的今天，在昆明的大地上，仍然星星点点地分布着许多抗日战争时期留下的或与抗日战争相关的建筑、碑刻、墓葬以及纪念碑。这些珍贵的文化物质遗产像一本本凝固的史书，默默无语地记录和承载着那些曾经的屈辱和仇恨、伤痛和艰辛、激奋和刚毅、自豪和喜悦；它们也像一个个警示录，给人们以智慧和启迪，教导人们珍爱和平，更好地把握今天的生活和未来的方向；它们洋溢着以爱国主义为核心的民族精神，是社会主义核心价值的重要组成部分。

2001年，我参加了昆明地区抗日战争文物普查。2007年，又参加了昆明地区的全国第三次文物普查工作。在这两次普查中，对昆明地区抗日战争期间保存至今的相关旧址、碑刻、墓葬、遗址等做了大量寻访和考证，可以说有了一定深度的了解。现在，将寻访的情况做简要的介绍。

是为序。

一、抗战丰碑——抗战胜利纪念堂

当抗日战争的烽烟散尽，饱受战争蹂躏之苦的昆明人民正在欢声鼓舞时，大家惊讶地发现，一座雄伟庄严的建筑已经矗立在市中心迭遭敌机轰炸、已成一片废墟的土地之上。于是，这座雄伟的会堂建筑便被称为"抗战胜利堂"。

这是一座庞大的宫殿式建筑。弧形的门廊，庄重舒展的前楼，拱形穹顶的大厅，高耸的后楼，组成一架巨大飞机的造型，建筑面积达3600平方米。整座楼群采用传统歇山式琉璃瓦大屋顶、清式斗拱、飞檐凌空、彩画梁枋，配以西式风格的墙体及门窗，古典与现代并存，谨严而典雅，气宇轩昂，凝重优美。

"抗战胜利堂"所在地当时称为云瑞公园，这个地块有着不凡的身世。明代建昆明城，这里是镇守云南的总兵官沐氏的府邸；清代时，又是云贵总督府所在。直到辛亥革命后，新成立的云南都督府为了表示与封建王朝的决裂，上了五华山，而原在五华山的师范学堂则迁至总督府旧址。两级师范学堂后改名昆华师范学校，1936年搬迁潘家湾新址后，这里又办起了省立云瑞中学。

抗日战争爆发后，云瑞中学的师生被疏散到乡下，城内校址屡中敌机炸弹，断垣残壁，以至无法迁回。1944年下半年，昆明市政府决定将废弃的原云瑞中学校址改建为云瑞公园，并在公园内建"志公堂"，以褒扬云南省主席龙云的治滇善政（龙云字"志舟"）。此举得到云南省临时议会的支持，并派员组成云瑞公园工程委员会负责建设事项。但龙云认为不妥，建议取名"中山纪念堂"。

云瑞公园及纪念堂的设计方案经公开投标后，采用了李华的设计方案，施工方是自上海迁昆明的陆根记营造厂。

这座建筑建设的同时，周边的道路和建筑也做了相应的改造，云瑞公园两侧辟为环抱公园的云瑞东路和云瑞西路，并沿南面外围道路建两幢高大的弧形建筑，对面的甬道街道路也加宽了一倍至18米。两侧新建两层房屋,整齐划一,使得纪念堂更显肃穆庄严。以当时的条件,公园的建成不能不说是昆明建筑史上的奇迹。

昆明抗战胜利堂是全国唯一一座抗战胜利纪念堂。生而逢时,恰逢盛会,这是一幢建筑的历史机缘。当时的省政府主席卢汉在"抗战胜利堂碑记"里写道:"吾滇本素称贫瘠,此役亦共饱艰难。回溯决战鲁南,乃至受降越北,中经缅境会师,

抗战胜利纪念堂旧貌

继以滇西驱敌,再接再厉,可歌可泣。行者既糜顶踵于沙场,居者复竭脂膏于部屋,惟驰驱之恐后,期胜利之空前,邦人君子,谓不可无以纪念也。适辟云瑞公园,乃建斯堂。仰伦奂于重霄,齐光辉于二曜。"确乎如此。

八年抗战,30多万滇军将士出省抗战,牺牲巨大,战功卓著。在鲁南台儿庄战役、山西中条山保卫战以及江西、湖北、湖南等诸多战役中打出了威名,十万将士血染疆场。当敌军占领越南、缅甸之后,我省军民镇守滇南、滇西,抵御敌寇,保障了后方安全,同时,倾全力支持和协同以云南和其省会昆明为基地的中国远征军和驻华美国空军部队,取得缅北战役、滇西战役的胜利,并夺取了制空权。日本投降时,滇军将领分别在越南的河内、江西的九江和南昌三地代表中国人民受降。

云南是抗日战争时期我国唯一的国际运输通道,滇越铁路、滇缅公路和驼峰航线先后成为战略物资运输的"输血管",云南军民为保障这些"生命线"的连续通畅付出了艰辛的努力,做出了巨大贡献。

战争时期,中国沿海、内地广大地区被日寇占领,昆明成为大后方的重镇,

大批工厂企业迁入云南，落户昆明，许多工厂企业也相继建立，形成以昆明为中心的全国第三大工业生产基地，既有力地支援了前线，又保障了人民生活。大批高等院校和科研院所迁到昆明，使昆明成为全国的文化教育和科研中心之一。其中西南联合大学在极其艰苦的条件下，培养出了大批中国乃至世界一流的人才，创造了世界教育史上的奇迹。

昆明的抗战史，是中国人民抗战史和世界反法西斯战争史的重要组成部分，也是中国近现代反帝、反封建、反殖民、争取民族独立解放斗争史的组成部分。中华

云南人民英雄纪念碑

人民共和国成立后，1950年2月经云南省各族各界代表大会决定，抗战胜利堂改名为"人民胜利堂"，并决定建"人民英雄纪念碑"，从而使得纪念堂的意义更加深远，内涵更为丰富。但是，抗战胜利仍然是其最重要的纪念主题之一。1995年2月，云南人民英雄纪念碑和"云南人民革命斗争史展览厅"在胜利堂前的广场上落成。这座历史的丰碑，包含了对抗日英烈的表彰和追念。

多年来，为了适应召开大型会议的需要，使用方曾对胜利堂进行改造，前后楼都有所加建，但平面布局和总体风格保持了原貌，鉴于它特殊的纪念价值和作为近代优秀建筑的典范，1996年，国务院以"抗战胜利纪念堂"的名称公布其为全国重点文物保护单位。

二、远征英杰——滇西战役阵亡将士纪念碑遗址

抗日战争后期直到抗战胜利,昆明圆通山先后树立过"缅甸战役中国阵亡将士碑"和"陆军第八军滇西战役阵亡将士纪念碑"两座纪念碑。从纪念的对象来说,追悼的都是抗击日寇的中国远征军阵亡将士,但又有所不同。

太平洋战争爆发后,日军于1942年1月发动了侵缅战争。中国政府根据《中英共同防御滇缅路协定》,应英国政府请求,组成了10万余人的远征军,于1942年2月先后入缅甸作战。出兵初期,远征军在缅北与日军激战,取得同古保卫战、斯瓦阻击战、仁安羌解围战、东枝收复战等战役的胜利。之后由于中英部队缺乏有效的协调一致,英军擅自撤退,致使中国远征军遭遇挫折,损失惨重,被迫后撤。

为纪念和表彰在缅甸战场上英勇牺牲的中将师长戴安澜及5万余名官兵,中国远征军第一路副司令长官、第五军军长,时任昆明防守司令、第五集团军总司令的杜聿明呈报昆明行营主任、云南省政府主席龙云同意,在昆明圆通公园建立了"缅甸战役中国阵亡将士碑"。

该碑1944年10月奠基,次年2月落成。这时,正是经讨整训和增援的中国远征军再度向日军发起反攻、血战于滇西缅北之时,这座具有悲壮色彩的纪念碑的落成,既是对牺牲在异国他乡的远征军将士亡灵的追悼缅怀,也是对浴血奋战中的将士们的激励与鼓舞。

再次出征的两个集团军分两路于1944年5月、6月强渡怒江,发起滇西反攻战役。其中,霍揆彰指挥的第二十集团军于5月初从怒江上游的栗柴坝等渡口渡过怒江,仰攻高黎贡山,经过近40天在风霜雨雪中的苦战,抵达腾冲龙川江,开始了对敌军的攻击;而宋希濂指挥的第十一集团军于6月初渡过怒江后,在滇缅

公路西段的战略要地松山受阻。

松山山势险峻，易守难攻。日军守备松山的虽然只有1300人左右，但他们在松山大小山头构筑了坚固的钢筋水泥工事，做了充分的准备，自认为松山是东方不可攻破的"马其诺防线"。

1944年6月4日，第七十一军二十八师、第六军新三十九师117团在军长钟彬的指挥下开始进攻松山，战事持续至6月底，我军进展不大并且自身伤亡近1700人。于是，远征军司令官卫立煌急调总预备队第八军担任主攻。

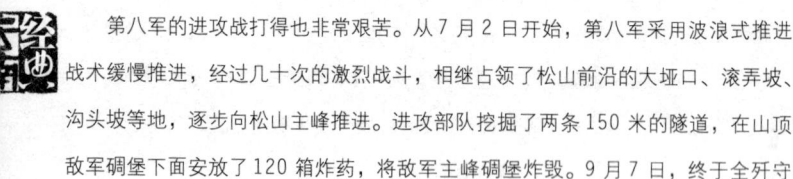

第八军的进攻战打得也非常艰苦。从7月2日开始，第八军采用波浪式推进战术缓慢推进，经过几十次的激烈战斗，相继占领了松山前沿的大垭口、滚弄坡、沟头坡等地，逐步向松山主峰推进。进攻部队挖掘了两条150米的隧道，在山顶敌军碉堡下面安放了120箱炸药，将敌军主峰碉堡炸毁。9月7日，终于全歼守敌，收复松山。

松山大捷之后，远征军各部乘胜前进，在滇西民众的支持下，于1945年2月完全收复了怒江以西沦陷的土地，把日军全部驱逐出国门，与取得缅北战役胜利的中国远征军驻印军会师，打通了陆上国际大通道，取得了滇西和缅北战役的最后胜利。

滇西战役结束后，第八军军长何绍周由于攻打松山有功而升任第五集团军副总司令兼云南警备副总司令。抗战胜利后，何绍周又升任云南警备总司令，坐镇昆明。在他的倡议下，1947年，在昆明圆通山又建成了"陆军第八军滇西战役阵亡将士纪念碑"，以纪念松山战役中阵亡的陆军第八军2902名官兵。他在碑文中写道："今者胜利告成，瞬已两载，而当时遗骸，仅能浅厝，爰偕旧日袍泽，往移烈士之骨，葬于保山西郊之龙泉池畔。复以昆明之圆通公园，划地树碑，勒叙大略，用兹纪念。"

"陆军第八军滇西战役阵亡将士纪念碑"由碑体、基座和台基三部分组成。

碑体为四角打平的方形石柱，高约16米，简洁而雄伟。须弥基座刻有碑记及阵亡官兵名录。八边形台基围栏四周有当时军政要员的题记。

遗憾的是，1944年所建的"缅甸战役中国阵亡将士碑"已不复存在，旧迹难觅，而1947年所建的"陆军第八军滇西战役阵亡将士纪念碑"也仅存五级石阶的台基和围栏，围栏上的名人题记也多被凿去，只有

陆军第八军滇西战役阵亡将士纪念碑旧貌

当时一首四言题词犹历历在目。辞云："岛寇荼毒，痛及滇西。谁无血气，忍弃边陲。桓桓将士，不顾艰危。十荡十决，甘死如饴。瘗忠有圹，名勒丰碑。懔懔大义，昭示来兹。"

用现在的眼光看，何绍周主持建立"陆军第八军滇西战役阵亡将士纪念碑"时眼光稍显狭隘，因为参加滇西战役流血牺牲的，远远不止一个第八军，而是共7个军近20万人的兵力，伤亡达6.6万人之多。仅松山战役就伤亡7763人，其中阵亡4000多人。不过，这座纪念碑毕竟是纪念抗日英烈的历史建筑，有着重要的历史价值。2003年昆明市五华区政府将"陆军第八军滇西战役阵亡将士纪念碑"残留的台基和围栏公布为文物保护单位。

三、从这里走上抗日战场——云南陆军讲武堂旧址

众所周知，位于昆明翠湖边的云南陆军讲武堂是一所著名的军校，有"百年军校，将帅摇篮"的美誉。实际上，云南陆军讲武堂包括云南陆军讲武学校（以下统称云南陆军讲武堂）办学只有28年。说它是"百年军校"，指的是这个学校的校址。不算此前1899年开

云南陆军讲武堂内操场

办的云南武备学堂，仅从云南陆军讲武堂1907年开办算起，至今也有104年的历史了。

一百多年来，就在这个地方，先后存在过三所军事学校。一所是云南陆军讲武堂，一所是中央陆军军官学校第五分校，还有一所是中国人民解放军昆明步兵学校。至1956年昆明步兵学校搬迁，房舍地点改作他用，此地半个世纪作为军校的历史才宣告终结。

旧时的云南陆军讲武堂占地宽阔，东临翠湖，南至承华圃即现在的翠湖南路，西至钱局街，北至今白云巷，面积达7万平方米。学校北面有1918年由海外华侨捐资建盖的合院式建筑，该建筑占地约1.44万平方米，建筑面积达6000多平方米，具有鲜明的中西结合建筑风格，中间围有面积1万多平方米的内操场，宽大雄伟，气魄威严。学校南面则是面积达4万平方米的外操场和教官宿舍。

1935年，云南陆军讲武堂因国民政府严令禁止地方开办军校而停办，一代著

名军校的历史戛然而止。不过，在云南陆军讲武堂的旧址上，一个新的军事学校应运而生，这就是"中央陆军军官学校第五分校"，即黄埔军校第五分校（以下简称"第五分校"）。

当时中央陆军军官学校的校长由蒋介石兼任，昆明的第五分校也统一由总校领导，执行黄埔式教育训练方针，学校的招生期数也按中央陆军军官学校的校系统一安排，招生范围扩大到滇、黔、桂、粤四省区。但由于该校由云南省主席龙云担任分校主任，唐继麟任副主任，所以基本上留用了原云南陆军讲武学校的教官，也保持了讲武学校的传统和面向滇军的相对独立性。

蒋介石之所以下令停办云南陆军讲武学校而改办第五分校，一方面固然是为了巩固自己的地位而削弱地方势力，另一方面也是面对"九一八"事变后日寇步步紧逼，加快侵略步伐的态势而采取的统一军令、重整军备的措施。因此，第五分校一开办，就具有了抗日色彩。

1935年7月，第五分校成立，原在校受训的滇、黔绥靖公署军官队改称学生大队。次年招新生700名，按黄埔校系称为第十一期，分步、炮、工、通等科，后续招第十四期958名。抗日战争爆发，云南组建第六十军出省抗战，此时刚好第五分校第十一期学员毕业，占学员总数70%的云南籍学员才走出校门就编入第六十军，踏上了抗日的征途。不久，云南又相继组建第五十八军和新三军出省作战，第五分校第十四期学员提前毕业，也奔赴前线。他们与原讲武堂教导团时期毕业的学员一起，构成了这三个军营内干部的基本队伍。至抗日战争结束，第五分校前后培训学员七期，计8000多名学员，均先后补充到军队之中。抗日战争时期，云南陆军讲武堂旧址为抗日滇军培养了大批基层指挥官。而此时，由这里走出的原讲武堂毕业的部分学员已成为抗日军队的高级将领。

担负着敌后战场作战任务的中国共产党领导的抗日军队中，云南讲武堂毕业的朱德任中共中央革命军事委员会副主席、国民革命军第十八集团军（八路军）

总司令；叶剑英先任八路军参谋长，后任中共中央军委参谋长；周保中任东北抗日联军第五军军长、第二路军总指挥；周建屏任晋察冀军区第四军分区司令员。

滇军的高级指挥官中，第一集团军总司令龙云，第一方面军总司令卢汉以及第六十军、第五十八军、新三军军长、参谋长基本都是讲武堂毕业的学生。龙云、卢汉、曾万钟、唐淮源等抗战名将都被授予上将军衔，其他先后授中将军衔。唐淮源、寸性奇以及少将旅长陈钟书（黄埔军校第十七期学员）在战斗中壮烈牺牲。

由于滇军在战争中的杰出贡献，日本投降时，原第六十军军长、第一方面军总司令卢汉，第五十八军军长鲁道源，新三军军长杨宏光分别在越南河内、中国南昌和九江享受了代表中国人民接受日军投降的殊荣。

讲武堂毕业生中还有大批华侨学员，他们毕业后主要前往广东参加孙中山领导的护法之战，此后还分布于全国各地的抗战部队中。据不完全统计，任军长的就有9人，副军长5人，集团军副总司令、参谋长6人，他们先后被授予中将军衔。其中，硬战将军、第七十九军军长王甲本壮烈牺牲。

此外，朝鲜人崔庸健任东北抗日联军第七军代理军长、第二路军总参谋长，李范奭任韩国光复军参谋长兼第二支队支队长，在中国的土地上对日作战。

现在，云南陆军讲武堂和黄埔军校第五分校旧址除南部大操场及教官宿舍区改作他用，建有省科技馆和省图书馆外，北部教学区3万多平方米范围内的建筑群包括主楼、礼堂、兵器库、盥洗室等共7500平方米的建筑基本保存完好，是目前我国保存最为完好的经历了百年历史沧桑的近代军事学校，是全国重点文物保护单位。

四、壮士一去不复返——陈钟书旧居

安宁市八街镇何家营村,有一院与众不同的房屋。

说它与众不同,并不是因为它奢华精美,而是比起周边农舍来,它特别高大厚实。五开间的土木结构的两层楼房足有一般的三层楼高,但是这么高的建筑居然没有立柱,梁架就直接安置在夯筑的土墙之上,

陈钟书旧居

墙体非常厚实,下部的厚度达一米左右。更为罕见的是,所开窗户为半圆形,门为拱形门,均无窗框门套。大门两侧建有碉楼,显示房主身份非同一般,但其装修却极为简陋,梁檩、楼梯、楼板用料均比较单薄,无天花地板,甚至没有粉刷。裸露的墙面好像在告诉人们,这房主走得匆匆,装修都还没有完工。

建盖这幢房屋的人,名叫陈钟书。那年是1934年,他43岁。

陈钟书是安宁八街月照屯人,出身贫寒,9岁时全家搬到何家营村。陈钟书读过两年私塾,11岁便帮人放牛。17岁为还家债,以12吊铜钱卖身顶户籍兵,投身行伍。先后参加了昆明重九起义和护国战争,因功升为连长并进入云南陆军讲武学校学习。38岁时晋升至团长,1931年4月任麻栗坡对汛特区少将督办,卸任时告假回家,在何家营村建盖了这幢带有防卫功能的宽大宅院。

陈钟书为官清廉,这幢房屋主体建筑完工后,再也没有资金进行装修和完善。于是,他打算再积蓄一点钱,好继续修建。一年休假期满后,他回到部队开始忙

于训练工作。抗战爆发后,即受命任第六十军一八三师542旅旅长,奔赴抗日前线。可是,壮士一去不复还,在六十军与日寇的第一场血战——台儿庄战役中,陈钟书仅仅与敌寇战斗了3天即壮烈牺牲,再也没能回到故乡。

3天的时间虽然短暂,但与众多抗日将士一样,陈钟书对祖国、对人民的无比忠诚,在炮火硝烟的映衬下,显得那么光彩照人。他的英名因此载入史册,与世长存。

第六十军军长卢汉在《第六十军徐州作战记》一文中记述道:

"第183师旅长陈钟书,在军中素有勇将之名,此次出征,常语同事:'数十年来,日本人欺我太甚,这次外出抗日,已对家中作过安排,誓以必死决心报答国家。'……陈瓦房与敌遭遇的同时,邢家楼、五圣堂地区相继展开战斗,我第183师陈钟书旅奋勇前进,先敌抢占了邢家楼、五圣堂,经过反复搏斗,到下午一时,后继部队到达,稳定了阵地,战况逐渐好转。约在下午四时,敌军发动第二次进攻,先以猛烈炮火轰击,继以步兵冲锋,遭到我军阻击,伤亡甚多。战至五时左右,当前之敌已有不支模样。这时我旅长陈钟书亲到前线,指挥部队猛烈冲杀,进入敌阵,与敌短兵相接,喊杀之声,震动大地。时敌阵大乱,纷纷向后溃逃。"

当日傍晚,陈钟书用望远镜发现距我军前沿阵地约500余米的一个小村庄里,有几名敌人在岗哨端着枪来回踱步。于是陈钟书迅速组织了一支敢死队,派营长张世勋带领前去夜袭。出发前他对敢死队员们说:"弟兄们!今晚一定要熬掉这锅日本鬼,为阵亡的官兵报仇,为中华民族雪恨!"下半夜,一片漆黑,敢死队匍匐前进,包围了整个村庄。拂晓前,敢死队突然发起攻击,打得敌人晕头转向,措手不及。不到20分钟,500多名日寇全部被歼,我军缴获了许多轻重武器及弹药。

在23日、24日两天的鏖战中,陈钟书率部打退了敌人40余次在飞机大炮掩护下的凶猛进攻。24日下午，在反击敌人的进攻中，陈钟书身先士卒，带领旅部特务排及部分官兵跃出战壕，与敌人展开了肉搏战。他连续刺倒14个日寇，不幸的是，敌人的一颗子弹飞来，从陈钟书左眼打进去穿出后脑，当即昏厥倒地，不省人事。

稍待清醒，他口述了遗嘱，由上尉参谋陈永庆记录下来。在遗嘱中，他认为此次参加抗战，是一生中最有意义的战斗，"中途罹危牺牲，亦无遗恨"。他只有两个心愿："一、请求上峰将予体速运滇，安葬于圆通山麓；二、予奔走一生，两领清风，未治家产，生计艰窘并留待教养之幼儿男四女六。希转报师长，要求卢军长、龙司令长官，替予设法，俾免孤寡无依，流于惨境。"

因伤势过重，在送往医院救治的途中，陈钟书壮烈牺牲。旅部司号班长矣国祥及侍卫曾永泰把他的遗体抬上火车运到徐州，因战事紧急，棺殓后仓促葬于东关外一片坟地内。

遗憾的是，抗战胜利后他的部下再去徐州寻找他的坟茔时，发现安葬陈钟书的墓地已经在日本人占领时扩建为火车站，陈钟书的遗骨无法寻觅，他"安葬于圆通山麓"的最后遗愿未能实现。他在陈家营建盖的住房，后人也再没有进行装修改造，仿佛定格在70多年前陈钟书离家的那一刻，直到今天。

1984年，中华人民共和国民政部为褒扬陈钟书的英雄业绩，追认陈钟书为革命烈士。

五、团长将军安息地——严家训烈士墓

抗日战争爆发后,云南组建第六十军,北上抗日。在所有团长都是上校军衔的队伍中,有一名少将军衔的团长,使他的身份显得有点特殊。他,就是原任省主席龙云卫士大队长的严家训。

严家训,字诲诚,昆明市富民县人,生于1898年2月,幼年丧父,15岁即加入滇军。由于他身材魁伟,作战勇敢,被时任伎飞军大队长的龙云选中而进入唐继尧的伎飞军。龙云任省主席后,严家训即破格提升为少将卫士大队长。

六十军出征时,严家训坚决请战,要求上前线。他对龙云说:"主席,国家兴亡,匹夫有责,我为军人,岂能容忍日寇进犯?我决心保卫祖国,即使战死疆场,为国牺牲,也是光荣的。"经过他再三请求,龙云终于答应了他的要求。按他的少将军衔,应任旅长,但当时旅长已经派齐,不便更改。严家训说:"我出征是为了抗日,不是为了当官。"遂受命任第六十军一八三师1082团少将团长。

临行前,严家训对他的夫人武锡珍说:"我是一个军人,随时都有为国捐躯的可能,但死而无憾。子女托付给你,你要多辛苦了。望你扶养他们成人,成为国家的有用之才,他们将来会报答你的。你能看到他们成长,我很有可能是看不到了,只好多多拜托你了。"

台儿庄战役中,最先与敌人交火的就是刚刚到达陈瓦房、邢家楼、五圣堂一线的严家训所在的一八三师541旅。当天(1938年4月22日)的战斗中,541旅以巨大的牺牲,沉重打击了敌人的嚣张气焰,建立和稳住了阵地。第二天,严家训率部继续在凤凰桥、三窖路与敌展开战斗,激战终日。凤凰桥被敌占领后,严家训率领1082团退守东庄和火石埠。

东庄、火石埠处于台儿庄正面,敌人企图中央突破,直取台儿庄。于是,东

庄、火石埠成为敌人攻击之重点。25日凌晨,敌人出动飞机十余架,向东庄、火石埠、后堡等阵地逐点轰炸,经过一番狂轰滥炸之后,阵地几乎全被毁坏。敌军继之以坦克掩护步兵,与我守军逐村争夺,严家训团伤亡甚大,但仍固守阵地。

26日,敌以步兵、坦克、炮兵联合再次向东庄、火石埠大举进攻。严家训指挥部队隐蔽,待敌人坦克和步兵临近阵地时,我战防炮突起猛射,步兵立即跃出战壕,向敌军猛冲。敌军猝不及防,来犯之九辆坦克,有五辆被我军击中起火,其他四辆慌忙后退。友邻部队乘机反击,集中轻重机枪、迫击炮、手榴弹全部火力向敌猛射,敌军大部被我军消灭,遗尸累累,留下了800多具尸体。

傍晚,敌军又集中炮兵火力,猛击东庄、火石埠阵地,一小时内发射了五千多发炮弹,尘土腾空,不见天日,整个东庄被夷为平地。此时,严家训正冒着敌人的炮火在东庄战壕中巡视,不幸被敌炮弹片击中,伤重牺牲,时年40岁,实现了精忠报国的诺言。当夜,双方通宵激战,敌军未能占领东庄。第二天,进攻东庄的敌军又遭我军伏击,一个大队几乎全被消灭。此后,敌军改变进攻方向,转而猛攻禹王山。

严家训是滇军出征队伍中继陈钟书之后牺牲的第二名将军,他的灵柩享受了特殊的待遇,运返昆明。途中,武汉、重庆等地都举行了公祭。灵柩运抵昆明时,受到以省主席龙云为首的各界人士的恭迎和祭奠,后安葬于其家乡昆明市富民县勤劳乡元山村。

抗战期间,计有五位云南籍将军牺牲疆场,其中出生在昆明的有三位。除了严家训和陈钟书,还有一位是晋宁县麻

严家训烈士墓

栗园村人、第三军中将军长唐淮源。唐淮源1941年5月12日牺牲于山西中条山,当年草草安葬在山西省夏县,直至1989年9月才归葬云南江川。其他两位中一位是富源县中安镇人、第七十九军中将军长王甲本,1944年9月9日阵亡于湖南省东安县山口铺乡,安葬于山口铺;另一位是腾冲人、第三军十二师师长寸性奇,1989年10月31日归葬他的故乡腾冲国殇墓园。

1984年,中华人民共和国民政部追认严家训为抗日烈士。1985年,中共富民县委、县人民政府将严家训的墓茔重加修葺,严家训的夫人和子女重立了墓碑。2003年,昆明市人民政府将严家训烈士墓列为市级文物保护单位。2006年,富民县征地一亩,建立严家训烈士墓园。现存墓冢为七层石砌圆冢,直径5米,高2米,后有挡墙,前有平台,庄严而肃穆。

六、飞虎队和驼峰空运旧址

追溯昆明的抗战史,"飞虎队"和"驼峰空运"都是重要的课题。这里,有必要先对"飞虎队"和"驼峰空运"作简要介绍。

1. 飞虎队

飞虎队包含美国航空志愿队、驻华空军特遣队、美国陆军第十四航空队三个时期,虽然均由克莱尔·李·陈纳德指挥,相互延续,但各有所不同。其中,志愿队隶属于中国空军,而驻华空军特遣队、美国陆军第十四航空队属于美国驻华空军部队。

中国空军美国志愿队成立于1941年8月。这是一支由国民政府利用美国贷款在美国购买飞机、招募美国飞行员和技师组成的中国空军作战部队,共有99架美制P-40型战机和近250多名飞行员和技师,陈纳德任上校队长。

美国志愿队于1941年12月18日进驻昆明巫家坝机场,先后参加了昆明和仰光保卫战、支援缅北作战、保卫雷允、怒江阻击和华中袭击等战役,共击毁日机299架,另外可能击毁153架。战斗中,志愿队也付出了沉重的代价,总计有23人牺牲,损失了73架战斗机。

随着战局的发展,美国政府决定将志愿队并入正规部队。1942年7月4日志愿队宣布解散。

在此期间,中美新闻媒体纷纷报道志愿队的英勇精神和辉煌战果,并广泛采用了"飞虎队"这一形象的赞誉,从而使得"飞虎队"声名远播,闻名世界。

志愿队解散后,美国陆军第十航空队的第23战斗大队和第11轰炸机中队被派往中国,组成美国驻华空军特遣队。陈纳德转为美军现役,晋升为准将,任特遣队指挥官，部分志愿队人员也转为现役，成为这支特遣队的骨干。

这支特遣队是由一位美国将军指挥的最小的美国空军部队，组建之初，仅拥有50架战斗机和12架轰炸机，400至500名空、地勤人员。后来飞机和人员有所增加，但飞机总数不超过100架。特遣队分布在云南、广西和湖南的机场，形成了东西两个作战空域。9个月的作战中，共击落敌机149架，并可能击毁敌机85架；在65次轰炸行动中，共投下314吨炸弹，对日军的基地设施和运输线造成极大破坏和威胁。战斗中，特遣队仅损失战斗机和轰炸机共17架。

1943年3月11日，美空军驻华特遣队从第十航空队独立出来，正式改编为第十四航空队，陈纳德任少将司令。比起此前的志愿队和特遣队，美国陆军第十四航空队不仅规模上大幅度扩大，飞机的质量也更为优越，门类更为丰富，并得到源源不断的补充。成立之初，即拥有各类飞机285架，人员2000人，至1945年，各类飞机增加到接近1000架，人员近2万人。

美国陆军第十四航空队中，有一支中美空军混合联队。中美空军混合联队虽然接受第十四航空队指挥，但其序列仍然按照中国空军的编制命名。

两年多的战斗中，第十四航空队虽然初战失利，而且经历了东线撤退的不利局面，但他们与垂死挣扎的日空军殊死搏斗，击落或击毁大量敌机，对日本在华以及越南、缅甸的军事设施以及陆地、海上运输线进行了大规模的轰炸，并以一切可能的方式支援地面部队作战，保卫了驼峰航线和对日本本土进行轰炸的重型轰炸机的前进基地，最终夺取了制空权，迎来了最后的胜利。

2．驼峰空运

1942年5月，日军切断了中国与外界联系的唯一通道——滇缅公路。中美政府紧急开辟了一条从印度到中国的空中航线。这条航线从印度阿萨姆邦的小江飞越喜马拉雅山脉，到达昆明，全长800公里左右。喜马拉雅山脉绵亘起伏的山峰形似骆驼的驼峰,因此这条航线被称为"驼峰航线"。执行驼峰空运的主要是美国陆军空运部队和中国航空公司。

驼峰航线群峰耸立,峡谷幽深,气候恶劣,变化莫测,日本战斗机经常出没在这条航线上进行截击,因此驼峰航线是一条极为艰险的航线。据统计,在驼峰空运3年零3个月的时间里,中美双方在驼峰航

飞越驼峰的美国运输机

线上损失的飞机总数为609架,共牺牲飞行人员1500多人。但驼峰空运总共运送武器装备、汽油等战略物资72.5万吨,打破了日军对中国的全面封锁,为中国抗日战争和世界反法西斯战争的胜利建立了不朽的功勋。

3. 巫家坝机场旧址

寻访飞虎队旧址,应该从巫家坝机场开始。因为这里是飞虎队进入中国战场的起点。用陈纳德的话说,这里是美国驻华空军的发祥地。同时,这里还是驼峰航线的终端,维系着抗战后期中国战场的生命线。

不过,新中国时期,随着昆明城市建设和民航事业的发展,数十年来,巫家坝机场经历了多次大规模的改扩建,至今已是国内吞吐量第四大的现代化国际机场,面貌发生了巨大变化。除了加宽、加长、加固的跑道,还能寻访到抗日战争时期的历史遗存吗?

2001年,昆明市开展抗战文物普查时,官渡区文管所曾试图对巫家坝机场进行调查,但巫家坝机场是军事禁区和航空禁区,不能进入,向管理使用方询问打听,也均无回复。直到2010年年底,才听说在空军管辖的范围内,抗战时期的

航站楼或调度中心还在,而且已经出租给一家物流公司使用,不在军事禁区的范围之内。于是,大喜过望的我们立即前往寻访。

几经周折,在关上南路98号院内,我们终于站在了那幢隐身多年的神秘建筑面前,那是一幢宽大气派的白色西式楼房。从正面看,这幢坐西向东的建筑中间为两层楼房,四面坡顶,上层前部三面开窗,下层设圆柱廊厦。楼房两边各连接平面为正方形的平房,但开窗大不相同,右翼为落地门窗,设露台,侧面有宽大的门,而左翼为方形大开窗,设台阶。在左翼靠廊厦处,加一方形圆柱平顶房。

据《云南交通志》载,1943年扩建机场时,曾建有一幢候机楼,应该就是这一幢。1960年9月新的候机楼建成,这座候机楼始改为他用。

走上二楼,从窗口眺望,围墙外不远处就是机场,跑道上频繁起降着一架架现代化的

巫家坝机场旧候机楼现状

客机。我想,这幢候机楼虽然游离于当代机场之外,却未曾从历史中分离,脑海中自然地浮现出眼前这座机场的历史和曾经的抗战风云。

巫家坝位于昆明城南5公里外,原是巫家村的一片放养牛羊的荒野。清光绪年间,清军在此建兵营。云南重九起义时,蔡锷就在这里率部起义,与驻北校场的起义军从南北两面进攻昆明城,推翻了封建王朝在云南的统治。

巫家坝作为机场的历史,从1922年云南省督军唐继尧建立云南空军、设立云南航空学校开始。那时的巫家坝机场规模不大,占地仅为0.3平方公里,没有专门的飞机起落跑道,飞机起降地只是一片宽大的草坪。龙云当政后,除继续云南航空学校的办学外,还开办了民用航空。为此,机场相继进行过两次扩建,修

建了长450米的飞机跑道。附近村子的大片农田和坟地被征用，巫家村被迁移。不过，云南航空学校于1933年停办，民用航空也是惨淡经营，只有两架小型飞机在省内飞行，而且没有固定航班。

至抗日战争爆发前的16年间，巫家坝机场虽然是我国最早的机场之一，但只是边疆地区的一个小机场而已，并没有引起太多的关注。而抗日战争把巫家坝机场推向了重要的战略地位，迎来了它的一段辉煌历程。

卢沟桥事变后不久，有关当局就组成了扩修巫家坝机场工程委员会。1937年10月5日，在巫家坝机场举行各界民众欢送第六十军出省抗战大会的第二天，扩修巫家坝机场工程正式开工。不到一年的时间，机场450米的跑道扩长到1300米，并修建了两条1000米长的平行滑行跑道，机场总面积达到1.3平方公里。此时，原设在杭州笕桥的中央航空学校迁至昆明巫家坝机场，接管了云南航空学校，改名为中央空军军官学校。欧亚航空公司总部也迁到昆明，开辟了至柳州、香港、重庆和越南河内的民用航线。

1939年9月28日，日机开始轰炸昆明，中央空军军官学校教官姚杰等5人驾驶3架训练用美制霍克式驱逐机迎击，击毁敌机一架，击毙敌军5名机组人员，俘获中士炮手赤岛。但中央空军军官学校毕竟不是作战单位，参加过两次应战后，于1940年5月转移至巴基斯坦卡拉奇机场进行隐蔽训练。

中央空军军官学校转移之后，敌机肆无忌惮，连续50多次轰炸昆明，巫家坝机场也遭到多次轰炸，机场附近的和甸营、土桥、香条村一带都惨遭不幸。1941年12月18日，10架日机又一次轰炸昆明，制造了著名的"交三桥惨案"。就在这天下午，美国志愿队队部和第一、第二中队从缅甸训练机场动身，悄然进驻昆明。

黄昏时分，志愿队36架战斗机依次降落巫家坝机场，运载队部人员以及作战物资的3架运输机也于拂晓时分抵达。为了保密，没有热烈的群众欢迎队伍，也没有鲜花和掌声。

就在美国志愿队悄然进驻巫家坝机场的第3天,1941年12月20日,10架日本轰炸机再次空袭昆明,日机这一次遭到了毁灭性的打击。在宜良上空,日军轰炸机遭遇到美国志愿队战机的进攻和追击。3架日本轰炸机被击落,其余的也都冒着烟,狼狈逃窜。逃窜过程中又有6架因伤坠毁。"9:0"的战绩,志愿队的第一场战斗几乎全歼敌机。

自此以后至抗日战争胜利的3年零9个月的时间内,巫家坝机场成为美国志愿队、美国空军驻华特遣队和第十四航空队的司令部驻地和主要基地,一举成为全国以及中印缅战区最重要的军事机场。1942年5月驼峰航线开通,巫家坝机场又成为国际战略物资运输和转运的枢纽。同时,中国航空公司也设立了昆明站,既参加驼峰空运,也与欧亚航空公司(1943年改为中央航空公司)一起经营昆明至重庆、腊戌、加尔各答、汀江和萨蒂亚等地的民航业务。从此,巫家坝机场成为重要的民航空港。

1943年3月,第十四航空队成立并迅速壮大,驼峰空运的规模也猛增,民航业务也有所扩大,进出机场的各式飞机络绎不绝。每天,这里有20架至30架各式飞机起落,执行战斗任务的战斗轰炸机轰鸣着飞向远方或胜利归来,大批汽车进出机场转运物资,一片繁忙的景象。为满足机场运转的需要,特别是适应重型轰炸机和大型运输机的起降需要,当局对巫家坝机场再次进行了较大规模的扩建,机场面积增加到3.2平方公里,跑道增长到2200米,同时扩建了飞机修配厂、油库、仓库、无线电台等十几个附属单位,机场附近还修建了一些旅店、饭店、商店及医疗所。现在我们看到的候机楼,就是当时所建盖。

从候机楼的使用功能看,主要是用于民航,并不属于飞虎队,但这并不影响它的历史价值,因为毕竟是巫家坝机场唯一保留下来的抗战时期的历史建筑,浓缩着包括飞虎队、驼峰空运、民航以及机场建设在内的巫家坝机场多功能性的抗战历程。

4. 呈贡飞机场旧址

2004年3月29日,昆明西站十四冶办公楼前,也就是抗日战争时期的美国空军招待所所在地,云南省人民政府隆重举行了向美国一家博物馆捐赠"礼物"的仪式。美国驻华大使馆新闻文化处公使衔参赞毕孝贤在致谢的讲话中,称这件"礼物"是"一笔伟大遗产"。他说:"今天是一个感谢的日子,是一个希望的日子。感谢属于回顾,感谢'二战'期间的中美之间的合作。希望属于期待,期待我们两国在未来进行合作。"

出人意料的是,这件隆重捐赠的珍贵"礼物"却仅是一个直径为1.2米、重约3.7吨的普通石碾。在岁月的侵蚀下,这个石碾显得陈旧而苍老。这种石碾,本是从前农村常用来碾压粮食茎秆的工具。抗日战争时期,中国劳工在修建机场时,石碾派上了大用场。它成为替代压路机碾压跑道和停机坪使之平整坚固的主要工具。那时,为适应空军作战的需要,中国军民在全国原有机场的基础上相继新建和改造了数十个机场。仅云南新建机场就有28个,使全省机场增加至52个之多。美国志愿队和美国驻华空军来华后,这些机场大多成为他们的战斗基地。期间,根据飞机机型和数量的需要,中国军民一方面对若干机场进行扩建,另一方面承担被日机轰炸破坏的机场跑道、停机坪的修复工作。中国民众常常伴随着战机起降的轰鸣声,拖着沉重的石碾辛勤劳作。美国人深知,一条坚实的跑道,是他们起飞作战和安全返航的基础,他们对创造了机场建设和维修奇迹的民工和石碾留下了深刻的记忆。普通的石碾,凝固着抗战岁月中中国民众与美国空军合作,共同抗击日寇侵略的战斗情结。

仪式结束后,这个普通而又珍贵的礼物将被卡车通过公路送到上海,再从上海港上船运往美国,陈列在美国俄亥俄州代顿市国家空军博物馆。在那里,这个中国普通的石头碾享受了特殊的待遇。为展示这个石碾，博物馆精心布置了一个巨大的室内展示空间。不仅专门了做了一段碎石沙砾的跑道放置石碾，而且在石碾旁摆放了一架巨大的C-46运输机，背景则是一张几十个中国军民拉着石碾子碾压机场跑道的巨幅照片。石碾子的文字说明的标题是：手工铺设的飞机跑道。

捐赠给美国的这个石碾子，来自昆明呈贡机场，是该机场仅存的5个石碾之一，但这只是当年上百个机场里那数以万计的石碾中的一个。

1940年秋，按照航空委员会的指令，云南省省政府主席龙云命令呈贡县"从速在呈贡坝区择址规划修筑飞机场"。呈贡县政府迅速选定了县城南面6公里处松花铺与牛头山之间的一片田地作为新建机场之用。为此，空军第五路司令部设立了呈贡机场航空站筹建处，派驻站长和一批工程技术人员，负责擘画机场布局及工程事宜。当时，机场跑道的设计全长2800米，是巫家坝机场1300米跑道的一倍还多。

工期只有半年，时间要求很紧。机场航空站将工程分为六段承包给建筑商。建筑商再将工程"打散"，以最低工资承包给机场附近村庄的农民来完成。一时之间，上万民工聚集机场，用简陋的工具开始艰苦的劳作。那时候修机场，首先要铺平地面，然后铺设石头，在上面浇灌黄泥后，经石碾反复碾压，再铺设一层石头浇灌黄泥，最后再用石碾碾压，使之坚固。工程所需石料均在长腰山、高登山、石头村山三处爆破开采，用两百辆卡车昼夜不停地运往工地，再由民工敲打成合适大小以供使用。

在机场周边，还建有许多露天俗称"机窝"的"U"形飞机掩体，航空站的指挥所建在西面，靠近松花铺村，机场警卫部队的营房则建在东面牛头山的坡地上。

1941年夏，机场基本完工。年底，陈纳德率领的中国空军美国志愿队进驻昆明，呈贡机场与巫家坝机场一起成为志愿队的基地。次年6月，装备B-25中型轰炸机的第16轰炸机中队进驻呈贡机场，美国空军派驻了基地指挥官，负责飞行指挥和维修。为此，战地服务团于1942年3月设立了有2230个床位的呈贡招待所，负责美军的生活保障。

1943年3月以后的美军第十四航空队时期，装备B-24重型轰炸机的第308轰炸大队的第374中队进驻呈贡机场，

呈贡机场旧貌

呈贡机场进入最为繁忙的时期。每天，机声轰鸣，各式战斗机、轰炸机频频起降，夜幕降临后，牛头山一带灯光璀璨，宛若一座小城镇。

据当时任航空站站长的惠群回忆，美国最新研制的B-29重型战略轰炸机也曾进驻呈贡机场，为此，又将跑道延伸至3000米，以供起落。B-29重型战略轰炸机有"空中堡垒"之称，隶属于第二十航空队，直属美军参谋长联席会指挥，主要承担轰炸日本本土的任务。这是云南当时唯一有B-29重型战略轰炸机起降的机场。

抗日战争结束后，美军撤离。新中国成立后，呈贡机场由中国人民解放军空军某部管理使用，大约仅是作为训练和备降机场的关系，除了新建航站楼和通讯基地，整修加固跑道机场外，机场的整个风貌并无大的改变。2008年全国第三次文物普查时，我们还一一查看了基本保存完好的当年修建的8个机窝（露天机库）。在附近牛头山上，尚存当年警卫部队用房一排。至于那5个石碾子，除赠送美国1个，驻呈贡机场空军保存1个外，另外3个则安放在呈贡新建的洛龙湖公园的"抗战风云"广场，供人们参观。

5. 寻甸羊街机场遗址

修建于1943年的寻甸羊街机场位于距离昆明东北方约70公里山区的一片丘

陵地带。我知道它的存在，是1989年初学汽车驾驶的时候。出了嵩明县城，往西北方向行驶七八公里，在羊街村附近的一个岔路口北行一段向上的山路，就到了羊街机场。那真是一个练车的好场地，地势开阔，没有任何障碍物，就连随处生长的野草也低矮稀疏。随便绕一圈，也有三四公里。大约因为地面过于坚实，难以开垦，这么一大片展开的土地，只有任其荒芜，没有任何人管理。时隔十多年，2002年，抗战文物调查人员再去时，情景依然，只是多了几幢临时建筑，加了一些标杆之类，成了名副其实的汽车驾驶教练场。

那时，对羊街机场的历史也没有太多的了解。后来有一天，偶尔在一个网站上看到了一组1943年2月美国劳军团到羊街机场慰问演出的照片。这个劳军团包括了露丝·丹尼斯和安·谢丽丹等当红明星，美军当局对这里的重视程度可见一斑。而且从照片的背景看，不仅有新式的建筑、整洁的营房，还有宽敞的礼堂和医院，说明该基地驻军不少。

通过查阅相关史料，才知道1942年8月修建羊街机场时，就是按照起降重型轰炸机的标准进行的，南北向的跑道长1500米。机场建在山区丘陵地带，而且质量要求较高，修建工程甚为艰巨。中国空军当局成立了羊街飞机场工程处，派来数百人负责工程的技术指导、业务管理和后勤服务工作，并调集寻甸、嵩明、曲靖、沾益、陆良、马龙等6县2万多名民工参加修建工程。

1943年2月，机场工程基本完工时，第十四航空队配属的第308重型轰炸机大队进驻昆明各机场。这个轰炸机大队以B-24D解放者轰炸机为主力，下辖373、374、375和425四个轰炸机中队。其中374中队驻呈贡机场，425中队、375中队驻巫家坝机场，而373中队就在羊街机场。

虽然当时每个中队仅装备10至12架的B-24D，空勤人员200人左右，但B-24D飞机机体庞大、结构复杂，涉及机械电子门类较多，因此地勤人员包括维修、通讯、弹药油料补给保管等工作也配备了不少。从战地服务团专门为此设立了有2200多床位的招待所看，这里的美军人数最多时达到2000人左右。在老照片里，仔细观察，便能发现在机场侧面的一片台地上，整齐有序地排列了一些设施、建筑，分别是美国红十字会设立的战地医院、美军俱乐部和网球场等。

驻扎羊街机场的B-24D解放者轰炸机有四个发动机，每架飞机组员10人，航速每小时476公里，爬升速度每分钟274米，飞行高度可达8540米，航距3540公里，载弹量3.6吨，属于远程轰炸机，主要执行轰炸我国东南沿海一带日军海上运输船队以及日军在台湾、香港以及越南、缅甸各港口军事设施的任务。同时，轰炸大队所需油弹自给自足，必须自己派B-24D飞机经由驼峰航线运输。一架飞机每出一次轰炸任务，必须要消耗4架次的油弹运补量。因此，驼峰航线上，也经常有他们的身影。

据美国空军评估，308轰炸大队在对日作战中，战果辉煌，被誉为"沉默的勇士"，他们共击沉日船46.6万余吨，其中海军军舰3.4万吨，总投弹量超过3000吨，击落日机22架，地面飞机炸毁84架，炸毁日军地面车辆物质、仓储百万余吨。这其中也有373中队的卓越贡献。

但在战斗中，驻羊街机场的373中队也付出了巨大的牺牲。据当时在373中队的中国籍上尉飞行官刘公卿的回忆，最惨烈的一次，是轰炸汕头日军转运基地及运补船团的战斗。373中队12架轰炸机从羊街机场编队出击，完成任务返航时仅剩6架，其他6架飞机上的60人无一人生还。那晚，羊街机场的大餐厅，晚餐时一下就少了60位朝夕相处

羊街美军医院旧貌

的年轻战士，膳食服务人员傻了眼，不知如何是好，平日嬉笑言谈、喧哗不断的食堂变得鸦雀无声。悲痛之情在忽然间爆发，大家将餐具掷在地上，痛哭失声。可是，第二天 373 中队照样出击，前赴后继。不久，又有新的机组补充到达。

373 中队有 5 名中国籍飞行员，其中有 3 名壮烈牺牲。普希平中尉在执行南中国海轰炸任务返航至羊街机场附近时，因油料耗尽迫降，不幸机头撞入土堤，当场殉职。周澍桐中尉飞越驼峰至印度运补油弹，飞机坠毁山区，全体组员殉职。王业超中尉在执行轰炸海南岛日本海军船团任务时，飞机被敌人高炮击中，空中解体，全体组员壮烈牺牲殉职。

战争就是如此残酷地进行着。因此，每当飞机起飞，机场警卫战士都立正敬礼，在机场修补跑道的男女老幼民工们均挥手致意，真有一种"风萧萧兮易水寒"的感慨。而当飞机返航的轰鸣声传来，人们又会翘首以待，兴奋与祈愿交织在一起。

日本投降后，美军撤离回国，羊街机场完成了历史使命，也就逐渐荒废了。曾经龙腾虎跃的机场在历史长河的磨砺下，已经渐渐消失了过去的模样，所有建筑荡然无存。当年的情景和许多悲壮的故事，还保留在历史的册页中，保留在附近老村民们日渐模糊的记忆里。

七、盟军将士温暖的家——战地服务团第一招待所旧址

1941年8月1日，蒋介石发布命令，宣布美籍志愿军第一大队成立，并任命陈纳德为上校指挥官（美籍志愿军第一大队后来称为美国志愿队）。当大批美国军人远道而来，集中在缅甸中部东吁机场集中训练时，一个接待志愿队的计划也正在昆明有条不紊地进行着。负责接待志愿队的中国机构是隶属于军事委员会的"战地服务团"，其主任是黄仁霖中将。按照计划，志愿队将在昆明设立指挥部，为了方便，战地服务团的团部也由重庆迁到昆明西站云南昆华农校的校舍内，还在农校内设立了有740个床位及相应生活设施的招待所。

第一招待所旧貌

云南昆华农校建于1936年，校园宽阔，占地上百亩。教学楼为三幢砖木石结构的中西结合建筑，皆坐北向南。主楼是一座中间三层重檐歇山顶、两侧为两层单檐歇山顶的楼房，条形西式窗，拱券门厅，正门外廊有四根巴洛克式圆柱衬托，十分壮观。昆华农校教学楼是当时昆明最雄伟的建筑，"其堂皇坚固美观，冠于当时昆市之任何机关学校"。教学楼奠基时，龙云题词"豳风基础"。"豳风"取自诗经，代表农耕。"豳风基础"意为农业教育是发展农业的基础。但是，这几座旨在培养农业人才的建筑却因为战争的爆发，使用不久就改作他用，再也没

有回归农校本来用途。

1938年4月至1939年7月,西南联大曾租用昆华农校作为部分学院的校舍,在此办学1年零3个月。西南联大新校舍建成搬走后不到两年,这里又被龙云拨给战地服务团,迎来了大洋彼岸的客人。1941年12月18日晚,美国志愿航空队队部和两个中队的近200人进驻昆明,飞行降落在巫家坝机场,除战斗值班人员外,其他人员均住进了昆华农校招待所内。初到昆明,志愿队的指挥部与战地服务团一起,暂设在昆华农校的中楼。不久,指挥部迁往巫家坝机场,但陈纳德仍住在这栋楼的二楼。

志愿队员的住宿、膳食、洗衣、理发、办公用房、译员以及文化娱乐、导游等后勤保障服务,皆由战地服务团提供。为了使这些美国人如在家里一样自由自在,所有服务人员都经过专门培训。招待所住房内部设施并不豪华,但都有洁净的床铺和保证热水的淋浴设备。他们知道,这些远离家乡的战士,最挑剔饮食的品种和口味,所以服务团特意挑选了一批善于做西餐的厨师,并且饮食的品种和数量严格按照美国军医署统一制订的饮食标准执行。每人每日标准是:肉类18英两,鸡蛋4枚,蔬菜20英两,洋芋10英两,干菜2英两,面粉12英两,猪油2英两,糖6英两,盐0.5英两,水果11英两,花生1英两,茶叶0.5英两,以及其他香料(1英两即1盎司,约等于31克)。凡在中国能够买到的食品,就由中方采购供应,而乳酪、牛油、咖啡等产品以及中国不生产的东西,则由美方空运。他们的食宿以及其他服务费用价格为四五十美元一天,但每人每天只象征性地支付1元美金。

1942年整年中,志愿队和美国空军特遣队的人员并不多,而且分散在各地机场,因此住在昆华农校招待所的人员并不很多。然而,由于中国战区驻华美军总司令部在昆华农校大操场上建盖了一批平房,设立了昆明美军司令部,昆华农校遂成为美军在云南的指挥中心。同年,驼峰航线开通,美军在昆明黑土凹设立美军供应处（后改为补给司令部），接收和分发从印度空运和中印公路运来的物资。随着人员的增多，昆华农校不敷使用，服务团又在其他地方建立了两个招待所，昆华农校的招待所称为第一招待所。

1943年3月，美军第十四航空队成立，蒋介石下令战地服务团为第十四航空队准备1.4万人的生活服务。同时，驼峰空运输量增大，加上大批美军人员进入中国远征军担任顾问，美军人员激增。为此，服务团在中国各地建立了总计容量达8.8万床位的194座招待所，其中昆明最为集中，达32处之多，共有3.7万个床位。昆华农校第一招待所也进入最繁忙的时期。战地服务团的服务项目也增加了编印每日新闻摘要、新闻手册发放、举办中文班、社会交谊以及演讲、音乐会、艺术展览、戏剧欣赏、宗教节目、医药服务等。

牛肉是美国人的主要食品，如果空运的话就会影响其他战略物资的运送，所以必须由服务团解决。美国人平时吃的牛肉相当于我国的黄牛肉。当黄牛肉供应不上时，便以水牛肉弥补，甚至专门到藏区采购牦牛或围捕野牦牛。为此，厨师们绞尽脑汁，做出了一顿顿让飞行员们满意的饭菜。

由于当时美军驻昆单位中，以第十四航空队人数最多，空地勤人员达一万余人。驻昆华农校第一招待所的美军人员，大多也属于空军系统。抗战胜利后，昆华农校部分校舍被云南警备司令部占为家眷住地，在处理昆华农校校舍使用问题的批示中，省主席卢汉就曾使用了"美国空军招待所"的称呼。

如今，昆华农校的三幢教学楼仅剩下中间一幢，现为第十四冶金公司办公楼。该楼全部加为三层，屋顶被拆除重做，但墙体框架结构主体改动不大。最近，昆明市政府以"西南联大办学和援华美国空军招待所旧址"的名称公布其为市级文物保护单位。

八、将军楼——驻华美军昆明司令部旧址

昆明市政府公布的第七批市级文物保护单位名单中,有一个较长的名称——"西南联大教学楼和援华美国空军招待所旧址(含将军楼)"。这里所说的西南联大教学楼和援华美国空军招待所同为一幢楼,只是使用的时间先后不同,而"将军楼"则在不远处的另一个地方。

寻访这个"将军楼"不太容易。它隐藏在一个不起眼的小工厂内,而且被许多各式各样的建筑包围。那年,我们从西站外的一条小路南行,走进昆明市开关厂的生活区,转弯抹角,才走到它的面前。

令人诧异的是,这幢名称铿锵的将军楼并不是楼,只是一座砖木结构的"工"字形西式平房。建筑内居住着多户职工,后期加盖的厨房、围墙把昔日的将军楼分隔得杂乱而简陋,完全看不出它的整体面貌。只有从它奇特的结构、宽大的门窗、残露的沙灰条和斑驳的砖墙上,依稀感受到它 60 多年前的威严与舒适。

"将军楼"曾被叫做"将军公馆",又有"小白宫"之称,是抗日战争时期中国战区驻华美军昆明司令部的高级军官的办公处和住宅。那时,它与美国空军招待所同在昆华农校的范围之内,并没有分隔。不过,这幢将军楼与战地服务团招待所大楼并无隶属关系,而是性质完全不同的两个单位。将军楼是驻华美军总司令部昆明司令部众多建筑中的一幢。

1941 年 12 月 8 日,日军偷袭美军在夏威夷的军事基地珍珠港,美国政府对日正式宣战,同时美国也成为中国的盟国,美军成为中国军队的盟军。美国为捍卫自身利益,支持太平洋战争,加大了对中国抗日作战的援助力度。除援助大批军事物资外,还将美国航空志愿队改派为正规空军部队。同时,派遣美国驻华军

事代表团和大量军事人员来到中国，监督管理援华军事物资，训练中国军队，参与作战指挥。

1942年2月，美国派史迪威将军任中印缅战区司令兼中国战区参谋长，成立了中缅印美国陆军司令部。对于中国战区，美国陆军部授权史迪威监督和控制美国所有援华的国防事务，并在蒋介石的统辖下，指挥所有在华的美国军队及蒋介石拨给他指挥的中国军队。

史迪威将军的总司令部设在重庆，而昆明、西安、桂林、成都均设有司令部及宪兵队。昆明美军司令部设在昆华农校内，因为这里有宽大的场地，而且有招待所之便。但是，昆明美军司令部没有使用学校原来的建筑，而是利用了校园南面的大操场，在操场的东边新建了组合为"E"字形的连排房屋作为办公室；在南面大门入口两侧也建盖了两排房屋，前排作为译员宿舍和仓库，后排仍做办公室；西侧的两排房屋是通讯部，还有一幢前后两排有走廊连接的房屋作为司令的办公室和住宅，这就是"将军楼"。这些房屋皆为平房，而操场中心则改建为花圃。

昆明美军司令部在总司令部的指挥下，主要负责协调驻巫家坝的美国驻华空军指挥部、驻黑土凹的美军补给司令部和席子营及西郊眠山两地的美国海军驻昆明联络处相关事务，直接管理北校场的美军训练司令部和参谋学校，并为驻滇集团军的鸿翔伞兵学校、炮兵训练学校及中美交通运输学校等提供参谋人员和教官。其中，美军补给司令部负责接运驼峰航线，美国海军驻昆明联络处负责为美国驻华空军提供海上日军舰船的情报，引导空军进

将军楼

行轰炸。

1944年11月，美国派魏德迈替换史迪威任驻华美军总司令兼蒋介石的参谋长。此时，罗斯福总统把中国战区和缅印战区分开，魏德迈的职责只限于中国战区，不再过问缅印战场的事情，也不再负责美国援华租借物资的监督执行。因此，司令部称为"中国战区美军总司令部"，昆明美军司令部改称"中国战区美军战斗司令部"。这个司令部主要负责军务、训练和后勤，以及建立炮兵、工兵、通讯、驾驶等学校或训练中心，对中国官兵进行技术培训。司令部人员也有了较大增加，地点仍在昆华农校大操场。

中国战区美军战斗司令部指挥是麦克鲁少将，参谋长先是鲍逊德准将，后为鲍德诺准将。"将军楼"便成为他们在昆明的办公室和住所。1945年2月，麦克鲁任中国陆军总司令部作战司令兼蒋介石的副参谋长。

抗日战争胜利后，美军撤走，昆华农校的美军司令部房舍先后被第六编练司令部、云南省银币铸造厂使用。新中国时期由部队接收，1964年后，成为中国有色金属工业第十四冶金建设公司驻地。不知道什么原因，原农校西侧楼西面的建筑和土地被分隔了出去，后来被开关厂使用，恰好将军楼也在其中。

将军楼，作为抗日战争时期驻华美军最高指挥机构的一个组成部分，是世界反法西斯战争时期盟军援华和中美人民友谊的物证，在人们追忆那个难以忘怀的岁月时具有特殊的不可替代的作用。我们期待着，有一天它能恢复昔日的原貌。

九、山洞里的工厂——海口第五十三兵工厂旧址

子曰:"工欲善其事,必先利其器。"与敌人作战,必须准备好精良的武器和充足的弹药。"九一八"事变后,面对日军的嚣张气焰,蒋介石认为我军在武器装备方面与日军有较大的差距,战则必败,对日退让妥协,致使东三省沦入敌手。在此期间,蒋介石和国民政府一方面采取"先安内,后攘外"的反共政策,另一方面也在积极争取盟国的援助,大力发展自己的军工生产。

抗日战争全面爆发后,国民政府一方面把原来分布在沿海和华北的兵工厂往西南地区转移,另一方面向国外购买机器设备,举办新的兵工厂。在这个进程中,由于滇越铁路的运输之便,昆明成为国统区仅次于重庆的第二大军工基地,一共分布着6家兵工厂。其中,以设在距离昆明市区70公里的海口的第五十三兵工厂规模最大,设备最先进,技术力量最雄厚。

1950年后,第五十三兵工厂分为两个厂,一是三五六厂,即西南仪器厂,代号200号信箱,现在叫做云南西仪工业股份有限公司;一个是二九八厂,即云南光学仪器厂,代号300号信箱,现在叫做云南北方光学电子集团有限公司,目前它们都是隶属中国兵器工业集团公司的国有公司。原第五十三兵工厂旧址,主要在云南西仪工业股份有限公司范围之内。

走进厂区,只见除了新建的办公楼比较新颖外,其他排列在整洁道路两旁的厂房不是中间带采光气窗、双坡式屋顶的青砖建筑,就是锯齿形单坡顶白色墙面的组合式建筑,看起来都有些年月了。不过,带领我们的厂方人员说,这些厂房都是1950年后的建筑,抗日战争时期第五十三兵工厂的建筑只有那些山洞了。

他说的山洞,在厂区西侧的山脚下。那里有一字排开的十多个山洞,每个相距约50米左右,但是即使站在山脚下的路边,也看不到山洞,而是需沿着山脚石

砌挡土墙的缺口，进去二三十米，才能看见山洞的圆拱形大门。

这些山洞大小不一。大的每个高约12米，宽约6米，深达30米左右；小的山洞之间则用隧道相连接，组成了庞大的山洞车间网。那时，第五十三兵工厂的生产车间全部都在山洞内，共有34个。如今，这些山洞早已废弃不用，平时大门紧锁，长期无人问津。

山洞工厂现状

我们见到的山洞洞体虽然高大，但除了地面，墙面和穹顶都凸凹不平，甚至有点嶙峋，开凿的痕迹十分明显。显然，这些砖石或坍塌，或被拆做他用。抗日战争时期，这些山洞车间都是整齐的砖石砌就的墙壁和穹顶，每个山洞之内都安装着先进的机器设备，日夜灯火通明，众多技术人员和工人辛勤工作，紧张有序中呈现一片繁忙。

抗日战争爆发之前，国民政府曾向丹麦订购了生产制造麦达森轻重两用机枪的许可和相关技术图纸，又在德国洽购了生产机枪的设备器材，计划建立一个专门生产麦达森轻重两用机枪的兵工厂。但是，当这批2000多部机件器材运输起运时，抗日战争已经爆发，沿海港口相继失陷，机件器材只有经由越南海防，从滇越铁路运至昆明。兵工署遂决定在昆明建厂。

工厂筹备处把运到的机件器材安顿在昆明城南盘龙江边的柳坝第二十二兵工厂旁的仓库里，选址在滇池西南岸海口山冲村一个南北走向的山沟里建设新厂房。这里离石龙坝水电厂不远，架设输电线路很方便。

所谓新厂房，主要就是在山崖上开挖的一个个山洞，同时也建盖了一批平房作为办公和职工宿舍。建造山洞作为车间,一是为了保密和隐蔽,二是为了躲避敌机轰炸。1939年4月,山洞工厂建成,职工进入厂区开始工作,工厂正式成立并定名为第五十一兵工厂。

然而,第五十一兵工厂并没有按计划生产麦达森轻重两用机枪,这是由于机件设备在柳坝仓库停放时遭日机轰炸,制造麦达森机枪的模具、刀具等损失严重,而且由于欧洲也成为战场,补充困难,因此第五十一兵工厂只有放弃生产麦达森机枪的计划,改而试制捷克26式轻机枪。这一转型改制看来很不容易,直到1941年4月,费时两年才试制成功,并形成生产线,当年共生产了450挺。

1942年1月1日,原在昆明城南柳坝村的第二十二兵工厂因迭遭敌机轰炸搬迁至海口,遂与第五十一兵合并,成立了第五十三兵工厂。

第二十二兵工厂原名是军用光学器材工厂,抗战爆发后由南京辗转迁至昆明柳坝村。1939年1月开始投入生产,仅5个月后,就创造了一项中国第一——试制成功中国第一架6×30双眼望远镜。两年时间里,累计生产这种望远镜1117台,是当时国内唯一的军用光学器材制造厂。

第五十三兵工厂旧貌

两厂合并后,第五十三兵工厂全厂占地约4800多亩,山洞增加至34个,机器设备增加至2500多台,共有10个制造所,职工达2500多人,形成机枪厂和光学厂两个制造系统。

据台湾出版的由史政编译局王国强著,原兵工署长俞大维题签,杨继曾作序的《中国兵工制造业发展史》载，至抗日战争结束，第五十三兵工厂共计生产合格的26式捷式轻机枪19558挺，6倍望远镜13716台，80公分测远镜463台，卜郎德瞄准镜3744台，行军指北针31310个。

26式捷克轻机枪是一种具有优秀射击性能的武器，不仅瞄准精度高，可以持续射击，杀伤力强，比起日军的歪把子机枪毫不逊色，而且坚固耐用，维护方便。抗日战争期间，捷克轻机枪一直是中国军队的主要兵器之一，有"火力支柱"之称。抗战八年中，我军共装备了12万挺这种机枪，除外购的8万挺，国统区兵工厂大约生产了4万挺捷克机枪，而第五十三兵工厂所生产的数量占了总产量的一半。当时国内报纸赞誉"五十三厂是抗战中成长的国防工业，制敌于死命的军火源泉"。当时为了赶制机枪，厂方实行严格的定额管理，职工们每日工作时间往往长达11个小时。

26式捷克式轻机枪

在阴暗的山洞中徘徊良久，走出洞口时，阳光灿烂，绿树成荫，这些整洁宽大的厂房记忆着艰难岁月中的光彩，也传承着昔日辉煌。

十、航空工业的里程碑——第一飞机制造厂旧址

我去寻访第一飞机制造厂旧址,是10年前的事了,当时看到的情景给我留下了深刻的印象。虽然作为一个工厂的风貌已经不复存在,但是当年飞机厂的建筑,居然还有几幢砖木结构的平房和一座厂房还在。这些陈旧平房里,职工们居住在一个个被分隔出来的房间中,而那空闲的厂房却在一片荒草丛中孑然独立。10年时间匆匆走过,它们还在不在呢?最近前去调查的五华区文物普查队的负责人告诉我,它们还在。只不过墙上写了大大的"拆"字,一个房地产项目正在运作之中。看来,当年大名鼎鼎的航空委员会第一飞机制造厂的最后一点遗构,已经面临消失的命运。值得庆幸的是,五华区文管所已经将它们作为全国第三次文物普查的不可移动文物登录,按照相关规定是不允许拆除并且应加以保护的。

第一飞机制造厂旧址之所以值得保护,主要因为它是抗日战争时期我国为增强空军实力而建立的军工厂,见证了在那段动荡的岁月里,中国航空科研人员和工人,为了实现"航空报国"的理想,为了多灾多难的祖国能够早日强大,在

第一飞机制造厂车间旧址

简陋的条件下所付出的智慧和辛劳,凝聚着中国人民爱国、自强的精神。

中国人从未停止过对飞机制造的追求。至抗战前,全国已有10多家飞机制造厂和修理厂,但政局的动荡、工业和科技基础薄弱、力量分散,使这些艰难起步的工厂只能仿制一些部件,利用进口的发动机等机件进行组装。抗日战争爆发后,

民国政府的航空委员会将这些工厂整合为4家，全部迁往大后方。其中，技术力量最强、设备最好，已经成功试制出"复兴号"双翼轻型飞机的广东韶关飞机制造厂搬迁至昆明，成为第一飞机制造厂。此外，同时期的其他飞机制造厂分布如下：第二飞机制造厂在重庆，第三飞机制造厂在成都，中美合资的中央飞机制造厂在云南雷允，还有花巨资在贵州大定县羊场坝建立了专门的发动机制造厂。

1938年10月，韶关飞机制造厂动用了17列火车及274辆卡车运载全部机器、设备、材料、飞机半成品等，还有制造厂的职工及家属，西迁1500公里到达云南昆明，更名为第一飞机制造厂。

第一飞机制造厂选址在昆明西郊眠山后昭宗村。这里群山环抱，接近滇缅公路，距昆明不到10公里，地形隐蔽且交通运输方便。当时，工厂的厂房、办公室、住房等沿眠山南麓分散布局，除办公室、职员宿舍和两幢飞机组装车间为钢筋混凝土结构外，其余的铁制品、木工、机工、机身、机翼、翻砂、装配、修配、器材、油漆等车间以及工人宿舍均系木屋架、土墼墙、镀锌瓦和铁皮屋面。为了隐蔽防空，屋面及厂区路面均以各色油漆彩涂伪装。据此推测，被保存至今的就是一幢装配车间，平房则是办公室和职员宿舍。

1939年底，二十吨重的大电炉，一百吨重的油压机以及其余各种机床、翻砂、焊接装配设备等开始安装。1940年下半年，第一飞机制造厂正式投入生产。生产所需能源由"耀龙电力公司"供应。

与其他兵工厂不同的是，由于制造厂直接隶属航空委员会，所以全厂员工总计600余人都属于现役军人。其中，200多名职员和工程技术人员都是准尉以上的军官；厂长、科长均为空军少校以上军衔；300多名技工以上士三级看待，称机械士，担任保卫工作；负责搬运、清洁等杂务的100余人皆为士兵。

当然，在当时的技术条件下第一飞机制造厂虽名为"飞机制造厂"，实际只能用国产的钢、铜、白铁、木料、油漆等材料生产机身和机翼，所有的飞机发动机、仪表都是外国货。通过组装和仿制，第一飞机制造厂在战争期间，为我军的战斗提供了新复兴甲式初级教练机22架，并仿制苏联伊-15式双翼驱逐机30架，美式AT-6高级教练机3架。此外，还承担修理了一批战斗机和轰炸机。

在生产过程中，工厂按照外国图纸加工部件，从翻砂、锻、铸到机件成品，分工细密。各道工序均有工程技术人员具体指导检查，对产品查验极为严格，不合标准坚决返工，不仅保证了质量，也培养了一批优秀的技术人才。这期间，工厂还分三批共培训200多名技术人员，其中许多人后来分散到全国各地，成为技术骨干，或成为高级工程师。

由于原材料紧缺的原因，第一飞机制造厂的飞机产量并不多。厂长朱家仁认为，飞机制造应在保证质量的前提下谈产量，而且不应单纯仿制组装，而应花精力研究制造自己设计的新型飞机。

朱家仁，毕业于美国麻省理工学院航空工程专业。回国后在上海虹桥飞机厂、洛阳空军第三修理厂工作，抗战前就成功自主设计出"苏州"号双翼飞机。提出建议的同时，他正在对"复兴"式进行改进，还追踪着当时世界上飞机研制的动向，开始研制刚出现不久的前掠翼战斗机和直升机。

制造厂把开展研制的前掠翼战斗机定名为"研驱"系列，朱家仁亲自主持"研驱零"（XP-0）的研制。经过两年多的时间，"研驱零"样机制造完成，但在试飞时失事损毁，然而他并不气馁，再接再厉，1944年又生产了2架，经试飞性能尚佳，与同等级外购飞机性能接近，至抗战胜利共生产了9架。

同时，在朱家仁的亲自主持之下，第一飞机制造厂积极展开了直升机的设计制造工作，并研制出了命名为"蜂鸟"的甲型单座直升机。该机采用比较先进的共轴式双翼型，但在1945年初试飞时，因钢材质量适应不了高速旋转的需要，刚刚离地面螺旋推进器就折弯了，飞机向左前方倾倒，试飞失败。此后，朱家仁总结经验教训，又试制"蜂鸟"型直升机1架，于1948年7月完成，但该机只做了地面试车。

当时，直升机在美、德等航空业发达的国家尚处于试验或试用阶段，中国科研人员却对前卫的双桨共轴直升机进行了研制，虽未成功，但勇于探索的精神着实值得敬佩。

抗日战争胜利后，生产任务渐少，人员陆续调离或回乡，人心日益涣散，最后厂长朱家仁被调走。1948年底，该厂停产，厂内重要大型机器或被运往台湾，或被变卖，大部分技术人员也被调走。1949年12月9日云南起义时，留守处30人参加起义。第一飞机制造厂的历史画上了一个句号。

"蜂鸟"型直升机

十一、我国战时最大的工厂——茨坝中央机器制造厂旧址

1938年以前,昆明北郊茨坝村只是一个有几间茅屋的小村子,周围凹凸不平,荆棘丛生。在这一年的5月,一座大型工厂在这里破土动工,从此,茨坝告别了寂寞闭塞的悠悠岁月。一年之后,这片沉寂的红土地上崛起了一大片崭新的厂房,大批现代化的机器在厂房内安装起来。

1939年9月9日晚,工厂全体员工降重举行一个富含诗意与哲理的成立仪式。工厂总经理王守竞的夫人费令宜划亮了一根小小的火柴,当这象征性的星星之火燃尽时,全厂电灯大放光明,民国政府资源委员会主任翁文灏宣告:中央机器制造厂正式成立。

这个中央机器制造厂,颇有点来头。它本来是由资源委员会与航空委员会合作建设的一座能够制造飞机发动机、动力机械和工具机具的大型国营工厂,当时规模设备数中国第一。中央机器制造厂原来建在湖南省湘潭县。正当建厂工作紧张进行之际,全面抗战爆发,

茨坝中央机器制造厂旧貌

日本军队大举侵入我国内地,并向湖南逼近。面对严峻局势,资源委员会决定停止在湘潭的建厂工作,将5000余吨机器拆卸,经广州、九龙、香港转越南海防,再由滇越铁路运达昆明。此时航空委员会放弃合作计划,原计划制造飞机发动机的项目取消。总经理王守竞骑着自行车在昆明城四处奔走,最后选定了城北十多

公里、三面环山、比较隐蔽、便于防空的茨坝作为厂址，把结缘的绣球抛给茨坝。

中央机器制造厂投产初期，下设5个分厂，不久发展为10个分厂。除有3个特别分厂分别设在四川宜宾、龙陵县和昆明西郊外，金属冶炼厂、锅炉厂、电机厂、工具机厂、纺织机厂、普通机械厂等7个分厂都集中在茨坝。这7个分厂连接成片，设有一个总大门，称为"大营门"。员工们以"意志不拔，坚挺到底"、"致力生产，献身国防"、"善用国家机器，创造民族武力"为行动口号，克服重重困难，创造了非凡的业绩。

1943年，中央机器制造厂进入了鼎盛时期。据这一年8月15日的统计，员工总数已由1939年的975人发展至2475人；拥有的工作机器由215台增至521台，生产经营的品种有动力机械、工具机器、纺织机械、农业机械、化工设备和特种机械（军工产品）等6大类54种品种。产品销路遍及滇、川、康、陕、甘、黔、桂、湘8个省区。

工厂既接受战时军工生产任务，也注重民用产品制造；既以制造为主，又兼搞机修。因此工厂的产品，既有直接服从于抗战的二五式迫击炮弹碰引、掷榴弹引信、炸弹碰引撞针及飞机起落架等军工产品，也有煤气机、柴油机、电动机、纺织机、碾米机和炼油设备等民用产品；既有大到2000千瓦蒸汽透平发电机和结构较复杂的车床、万能铣床，也有小至简单的丝攻、螺帽。用当时工厂总经理王守竞的话说："你要什么，我就生产什么。"中央机器厂在抗战中提供产品之丰富，品种之多样，无任何厂可比拟。

中央机器制造厂是最先向国外引进先进技术的国营工厂，而且技术力量雄厚，人才济济。他们的产品，很大部分具有当时的国际水平，其中绝大部分都是属于"中国第一"。如第一台大型汽轮机和发电机，第一台500马力电动机，第一台30吨至40吨的锅炉，第一座冶炼硅铁、锰铁的铁合金炉等等，还组装出中国的第一批"资源牌"汽车。这些现在看来很不起眼的产品，当时可是我国机械工业的先导产品。

中央机器制造厂不仅出产品,也出人才。当年中央机器制造厂就像一所大学校和一个培训中心。工厂在招聘和训练人才方面,以"不惜巨额支出"为一贯方针。一大批国内机械工程方面有名的科技人员集中到了中央机器制造厂,并不断派人出国学习。至1945年全厂先后出国留学、实习、选修的人员累计达47人。工厂也很重视技术工人的培养,仅1941年到1943年三年间,技工训练班就招收了400余人,采用半天上课、半天实习的培训制度,经过两年的技术训练后再分到各生产组当一级技工。

中华人民共和国成立后,中央机器制造厂人员分布到祖国各地新建起来的机器厂、高等院校和研究院所中,而且都是骨干力量。在中央机器制造厂工作过的技术人员中,当选为中科院学部委员(院士)的就有陶亨咸、雷天觉、吴学蔺、王守融、王守武、吴自良六位,吴自良还是"两弹一星"功勋奖章获得者。雷天觉后来曾说过:"当时那个厂还起了一个很大的作用,就是培养人才,这个作用恐怕比造机器的作用还要大。"

1945年9月抗战胜利,中央机器制造厂奉命裁缩,生产一度停顿。1951年,工厂先后更名为云南机器厂和西南工业部第二〇三厂;1954年1月,被正式定名为昆明机床厂。2003年后,工厂改制,几经变化,于2007年10月24日正式公告更名为沈机集团昆明机床股份有限公司。

中央机器制造厂改为昆明机床厂后,几十年来发展变化巨大,原有厂房及办公用房等都拆除重建,除了当年使用的五台进口机床外,只有原工厂大营门的两座小门楼和进门后的一座石桥保留至今,门楼上的瓦当、和平鸽图案以及"世界和平"的字样还依稀可见,它们都在默默地守望着抗战时期那段艰辛而光荣的岁月。

十二、第一根电缆的诞生地——马街中央电工器材厂一厂旧址

位于昆明马街的昆明电缆厂是我国第一根电缆的诞生地，2002年昆明抗战文物普查时，我曾打听过厂区内是否有历史建筑遗存，答复是：没有了。2008年，昆明市西山区普查队在进行全国第三次文物普查时，传出一个好消息，昆明电缆厂内原来电工一厂的生产车间厂房还在，而且基本完好。于是，我们立即前往查看。

这个生产车间位于厂区的南部，是一幢坐西向东，占地3800平方米的庞大的钢混结构建筑。整栋建筑由五幢锯齿形顶的厂房连接组成。从外观看，它与新中国成立初期所建的同类厂房类似，所以此前普查人员没有发现。了解工厂历史的负责人告诉我们，这确实是当年的厂房，不仅有文献记载，而且房顶上还留有日机轰炸的遗痕。

走进生产车间，宽大高深的空间令人震撼，人仿佛一下变得低矮起来。然而，此时已经不见电缆的生产线，不见了机器设备，显得十分空旷，只有一侧整齐的码放着包装好的圆筒形状的电缆。看来，现在只是一个堆放成品的仓库。抬头仰望，在透过三层窗户投射进的自然光线下，一块折断的钢混横梁，记忆着日机炮弹的炸痕；黝黑起伏的屋顶上锈迹斑驳的吊运结构错综复杂，显示着曾经的繁忙。

虽然早在公元前五百年，希腊人泰勒斯就发现摩擦生电的现象，可是直到二千三百年后的1744年，德国人温克勒才用电线把放电火花传输到远距离，宣告了电线的诞生。电线进入实用的历史开始于1833年有线电报的应用，并在电灯的推广中得到长足的发展。1897年，照明用的电线电缆开始进入我国，在此后的40多年里，我国都没有能力生产电线电缆，使用的电线电缆皆为进口。价格之昂贵，购买之受限，处处受制于人。抗日战争爆发后，国际运输大多中断，电线电缆进口受阻。

1939年7月，我国不能生产电线电缆的历史终于画上了句号。这一年，"中

国第一根电缆"在昆明马街的一个工厂诞生。创造这项"中国第一"的工厂名叫中央电工器材厂第一厂。中央电工器材厂是国民政府资源委员会投入巨资创办的大型电器工业企业，1936年筹建于湖南湘潭。中央电工器材厂下设四个分厂。第一厂为电线厂，第二厂为管泡厂，第三厂为电话机厂，第四厂为电机厂。

中央电工器材第一厂（以下简称"电工一厂"）厂长张承祜是上海市嘉定县（现嘉定区）人，毕业于英国曼彻斯特工业大学无线电工程系。筹建之初，张承祜参照历年进口电线的资料，分析了国内市场情况，拟订出工厂的产品方案。继而赴英、德、法等国洽商协作、采购设备，经过考察后与英国绝缘电缆公司达成技术协作协议，设备则以公开招标的方式分别从英、美、德诸国的工厂选购。同时，开办培训班，对技术人员和工人进行严格培训，为处于起跑线上的我国新兴的电线电缆工业打下扎实的基础。

抗日战争爆发后，工厂总部和第一厂、第四厂于1938年由湖南湘潭迁到昆明马街。其中，第一厂就是今天的昆明电缆厂，第四厂则是今天的昆明电机厂。

电工一厂的厂房选址在马街村北面。这里距离昆明城只有七八公里，而且有公路相通。其厂房由英国绝缘电缆有限公司的工程师布莱克设计，是当时国内最大的钢架结构厂房。与此同时，国外订购的设备原定从上海进口，后改运香港转越南，再经滇越铁路运到昆明。

当时正值昆明雨季，工地缺乏运输和吊装设备，工人们就用手拉葫芦和木制龙门吊将沉重的设备安装起来并不断调试，经过一年多的建设，工厂一切就绪。1939年7月1日，电工一厂正式建立，并将这一天定为厂庆日。

电工一厂投产后不久，即生产出了中国第一根电缆，产品商标定为"电工牌"，从此开创了我国自主独立生产电线电缆的历史。当时原材料供应十分困难，虽然主要原材料有滇北矿务局开采的东川铜作为保障，但橡胶、锌氧粉、精制瓷土、油性绝缘漆等仍十分紧缺，工程技术人员只有自己试制生产代用品。1942年8月，电线厂遭到日机轰炸，但是各厂员工奋力抢修，坚持生产。

中国的第一根电线诞生于民族危机深重的抗日战争时期，有着特殊的意义。从1939年至1945年，电工一厂共生产各类电线电缆4330吨，几乎承担了战时电线电缆的全部供应。

电工一厂是我国战时唯一的电线厂，培养和造就了一大批电线电缆的优秀技术人才。中华人民共和国成立时期，上海、北京、沈阳等地电线电缆工厂和研究部门的主要技术骨干大多来自该厂，因此，电工一厂也被誉为"中国电线电缆人才的摇篮"。

自从1939年昆明电缆厂制造出我国第一根电缆起，我国电线电缆行业逐步发展，经过七十多年的努力，至今已超越美、日、欧等国，成为世界第一大电线电缆生产国。在这个进程中，电工一厂先后更名为昆明电线厂、昆明电缆厂、昆明电缆股份有限公司等，一直是我国电线电缆行业的骨干企业之一。它的产品先后被使用在中国第一颗人造卫星、洲际导弹、运载火箭、"神舟"五号飞船及天安门广场、三峡工程、2008北京奥运会场馆等各类大型工程中。"电工牌"商标也被评为中国驰名商标。

在电工一厂厂史馆，我惊喜地看到了我国第一根电缆的真实截断。这是当年第一根电缆生产出来后，来昆帮助建厂的英国绝缘电缆公司工程师布莱克兴奋地截取了一根10多厘米长的裸铜导线留作纪念。四十多年后，耄

中国第一根电缆截断

耋之年的布莱克先生再度来昆，将这根导线作为珍贵礼物回赠给昆明电缆厂。这一根小拇指粗、10多厘米长的铜芯线静静地躺在展柜里，平凡而又熠熠生辉。此外，由于原中央电工器材一厂厂房具有较高的历史和科学价值，是一项珍贵的工业遗产，2009年8月，由西山区人民政府公布为第三批区级文物保护单位。

十三、电力轧钢的发端——中国电力制钢厂旧址

钢铁作为重要的战略物资,在战争中的地位和作用自然不言而喻。为适应抗日战争的需要,钢铁工业成为我国战时工业发展最快的产业之一,我省的钢铁工业也在这时应运而生并迅速发展,为抗战胜利作出了重要贡献。

中国电力制钢厂,就是在抗日烽火中昆明大地上诞生的云南第一家钢铁企业。它由云南省经济委员会、爱国资本家刘鸿生和中央研究院工程研究所以公私合股形式共同兴办。1941年8月1日,这座位于安宁桥头村的中国电力制钢厂开炉试验并一次冶炼成功,开创了云南炼钢的第一页历史。

在艰苦的战争年代,制钢厂从1941年至1945年共生产钢锭、钢材、各种钢铸件1443吨。现在看来,这点产量算不了什么,但在当时对云南众多的军工企业和民用企业特别是21、22、51、52和53兵工厂以及中央电工器材厂、中央机器制造厂等来说,简直就是雪中送炭。更为重要的是,中国电力制钢厂在设备和技术上,有一个较高的起点。一开始,它就直接采用了电炉炼钢,生产优质钢材,并装备了轧钢设备,而且能够根据用户的特殊需求,研制生产各种合金钢、工具钢、耐酸不锈钢以及钨铁合金等。如它为电工器材厂生产了硬磁钢,为维修美军汽车生产了低锰弹簧钢,试制成功了内燃机用的各种合金钢,生产出第一根国产拉丝钢条,解决了生产钢丝蝇的原料等。

为什么中国电力制钢厂在设备和技术上,会有一个较高的起点,并且一开始工厂的生产水平就处于国内领先的地位,这是因为它的技术、设备都依靠中央研究院工程研究所。

中央研究院工程研究所于1928年在上海成立,是一个以研究钢铁、非铁金属及合金冶炼技术为主的研究所。抗战爆发前,该所已经拥有从美国进口的莫屋

式电弧炉、分析仪器以及车床、锻锤等大批先进设备,其中从美国引进的三相电弧炉在国内属最早的电弧炉。利用这些设备,他们建立了钢铁试验工场,率先在国内试制成功了许多品种的特殊合金钢、合金铸铁,为国内各钢铁厂的试验开辟了道路。

抗日战争爆发,上海沦陷。中央研究院工程研究所带着图书、仪器及电炉、材料试验机等共七百余箱资料和设备,于1938年6月分批陆续迁运到昆明。转运途中,不少重型设备损失惨重,包括电炉也失落在香港,幸好所长周仁、研究员周行健等都安全抵达昆明。

周仁当时46岁,他1915年获美国康奈尔大学机械系硕士学位,回国后曾任四川省炼钢厂总工程师、南京高等师范学校教授、上海交大教授兼教务长。1928年在上海创建了中央研究院工程研究所,任研究员兼所长。他是中国电炉炼钢的

中国电力制钢厂原办公楼现状

创始人之一。周行健比周仁小3岁,是周仁在南京高等师范学校任教时的学生。后来,毕业于菲律宾大学机械系,当时是中央研究院工程研究所研究员。

中国电力制钢厂成立后,周仁任总经理兼总工程师,周行健任副总工程师、工务主任。周仁负责电炉炼钢及轧钢的技术问题,周行健则负责厂房的建盖和各种机械设备的制造与安装,二人配合默契,相得益彰。在他们的带领之下,全体职工艰苦奋斗共同努力,为抗战作出了应有的贡献。

在中国电力制钢厂建设的同时,为了解决该厂及云南其他工厂所需生铁的问题,由著名钢铁冶金学家、炼铁专家严恩棫负责,在距离中国电力制钢厂不远处的安宁开始了云南钢铁厂的建设工程。1943年6月和12月,钢铁厂的第一座高炉和转炉先后投产。抗战期间,云南钢铁厂先后共出铁10万吨,产钢373吨。

中华人民共和国成立后,中国电力制钢厂和云南钢铁厂合并,共同组建了昆明钢铁厂,成为云南大型钢铁企业。中国电力制钢厂改称桥钢分厂,经过50多年的新建、扩建、技术改造,中国电力制钢厂抗战时期的建筑仅有办公楼保存下来,现在仍然作为桥钢分厂的办公楼使用。桥钢人十分珍惜抗战时期创业的光荣历史,他们不仅将办公楼按原貌修缮保护,而且将中国电力制钢厂1942年的铭牌,精心复制后悬挂在楼内。

十四、教育奇迹——西南联大校舍旧址

有人说西南联大是"永垂青史的学府",是"天下闻名的大学";有人说西南联大是"中国历史名校",是"民族文化堡垒",是"中国高等教育史上璀璨夺目的一颗明珠"。总之,关于西南联大,不论人们怎样赞誉和颂扬,都不为过分。因为,它确实是"一道昆明历史天空永远绚丽的彩虹"。

关于西南联大的办学奇迹,已有大量的研究和介绍的书刊文章,这里只列举一组数字。联大八年间共聘任教授302人,进入该校学习的学生共有8000人,其中毕业3800人。在这些联大师生中,成为中国科学院院士和中国工程院院士就有170多人,其中有8人是"两弹一星"功勋奖章获得者,2人荣获中国国家最高科学技术奖,2人获得诺贝尔物理学奖。

西南联大是抗日战争时期的奇迹,为祖国和世界留下了珍贵的精神和物质文化遗产。其中,西南联大办学旧址以及教职工住所,就是这笔文化遗产的重要组成部分,它们见证了西南联大艰辛的办学历程,承载着"联大"人高尚的民族气节、振兴中华的理想、睿智的思想和不凡的业绩。

西南联大于1938年5月4日正式开学讲课,至1946年宣布结束,在昆明办学的八年,其校舍使用情况可分为两个阶段。

西南联大初到昆明时,全校共有四个学院19个系,在校学生2000余人。由于一时租不到足够的房舍,文学院和法商学院前往滇南的蒙自,而学校总办公处和理学院、工学院留在昆明。其中,理学院租用西站昆华农校的两幢教学楼,而工学院则在城东拓东路的迤西会馆和全蜀会馆。此时,开始筹办师范学院,选址大西门内文林街昆华中学旧校舍内。1938年9月底,文学院和法商学院由蒙自迁回,大部分集中在昆华农校上课,于是又商借了昆华师范、昆华工业学校部分校

舍作为宿舍。

1939年夏季新校舍建成后,文、理、法商学院迁入新校舍;师范学院仍在文林街昆华中学北院,工学院继续在拓东路迤西会馆和全蜀会馆。

因此,西南联大在昆办学地点,并不仅仅限于新校舍一处,而是有六处之多。这六处办学旧址中,有三处旧有的建筑已全部被拆除改建,这三处是:拓东路迤西会馆、西站昆华工校和文林街昆华中学旧校舍。其余三处——昆华农校、昆华师范和新校舍还保存有部分历史建筑。

1. 昆华农校教学楼

西南联大1938年5月4日开学时,理学院租借昆华农校的主教学楼和侧楼作为教学楼。4个月后文学院和法商学院迁回昆明,也大部分在此上课。因此,在西南联大开学的一年多里,昆华农校是授课较集中的一处,被学生称为"总校舍"。西南联大学生、台湾著名学者程靖宇回忆说:"初到昆明,总校舍在小西门外公路边的昆华农校,而宿舍则分布在城内三四处。每早都在长沙时发的军服,须到农校去行'升旗礼',然后听教务长讲点新的校政,也就是'训话'。"

总校舍还是清华农业研究所最先的驻地。汤佩松先生在《为接朝霞顾夕阳》一书中就回忆说:"我到昆明的第二天就到西南联大所在地,从昆华农业学校租借的宽阔而舒适的校舍上班。清华农业研究所的病理学和昆虫学两组已经在不久前到来,在校舍大楼底层的一排教室房子内开展了工作。由于主楼内已无空屋,

西南联大总校舍原貌

我的研究室幸运地被安排在与校舍主楼院墙相通的一个幽雅小院中的别墅式平房里。"

这幢当年西南联大租用的昆华农校教学楼奇迹般的保存了下来,大门的门牌是昆瑞路38号,教学楼现在是十四冶办公楼。除房顶因加层改动外,基本保持原貌。西南联大1938年4月至1939年7月在此办学一年零三个月,虽然是租借,时间也不长,但它毕竟是仅存的保留相对完好的西南联大校舍和宿舍,不仅见证了西南联大在昆明组建初期艰苦的办学历程,也寄托着校友的回忆和追念。

2．西南联大新校舍

相对于开初租用的临时校舍来说,西南联大在昆明城外西北部三分寺建盖的校舍又称为"新校舍"。新校舍除了图书馆和东西两食堂是瓦屋,教室是铁皮屋顶外,学生宿舍、各类办公室全部都是茅草屋,相当简陋。这正应了西南联大常委之一的梅贻琦先生的一句名言:"所谓大学者,非谓有大楼之谓也,有大师之谓也。"

由于占地120余亩的新校舍建在环城马路两侧,所以分为北区和南区。北区占地100余亩,是西南联大的主校区,常务委员会办公室、各行政部门的办公室,文、理、法商学院的教室、男生宿舍和图书馆等都在这个区域,大门上方镌有"国立西南联合大学"的横额。南区占地20余亩,主要是理学院各学系的办公室、实验室、校医室和生物实验园地,还有一些教室所在。

此外,由于附近的昆华中学已经搬迁新址(现昆一中),原昆华中学旧址也由西南联大继续使用。昆华中学旧址因有文林街相隔,所以也分为南北两院。这两处校舍先后被日机轰炸,损毁严重,剩下的房屋多作为学生宿舍。

1946年当西南联大宣告结束,三校北返之际,联大为报答云南父老的恩情,经教育部批准,将联大师范学院留昆独立设置,更名为国立昆明师范学院。1984

年又更名为云南师范大学。

目前,这些当年的校舍和学生宿舍,全都不复存在,为各种新建筑所代替,只有现云南师范大学即原西南联大新校舍范围内还有4处旧迹可以让人回忆起当年的情景。

一是西南联大教室。

西南联大教室是按照原样修复的教室,土墼墙,木格窗,人字架,墙抬梁,铁皮顶,一如当年,就是在这样简陋朴素的教室里,一代大师培育了多少精英。

西南联大新校舍教室旧址

二是民主草坪。

西南联大有"民主堡垒"之称,所以图书馆前的一块青草地就是著名的"民主草坪"。草坪当时的面积比现在大得多,可容纳上万人。正前方有一个约1米高的讲台,被称作"露天讲台",是联大师生集会及活动的地方。抗日战争后期,联大师生经常于此讲学聚会,谈论国事。抗战胜利后,1945年著名的"11·25"反内战时事演讲晚会就在这里举行,并成为"一二·一"运动的开端。现在,草坪上还竖有"民主斗士"闻一多先生的雕像。

三是四烈士墓。

墓地安葬着震惊全国的"一二·一"惨案中被国民党反动军警、特务冲进学校杀害的于再、潘琰、李鲁连、张华昌等四位烈士。其中潘琰、李鲁连系西南联大学生。

四是西南联大纪念碑。

《国立西南联合大学纪念碑》碑文共1100余字，通篇文采飞扬，洋溢着浓厚的爱国热情。从碑文中，我们知道了当时立碑者认为西南联合大学之所以值得纪念的四个原因。第一，因为"联合大学之使命与抗战相始终"，是抗日战争的一个组成部分；第二，"三校有不同之历史，各异之学风，八年之久，合作无间"；第三，"联合大学以其兼容并包之精神，转移社会一时之风气，内树学术自由之规模，外来民主堡垒之称号"；第四，"不十年间收恢复之全功"，胜利北返。简单地说，就是"使命"、"团结"、"民主"和"胜利"。

同时，碑的背面，还有联大校志委员会纂列的，由唐兰篆额、刘晋年书丹的联大"抗战以来从军学生题名"碑。上列834人投笔从戎的学生名单，为研究联大与抗日战争的关系，留下了确凿的史料。

《国立西南联合大学纪念碑》不仅是历史的丰碑，更是文学艺术的精品。联大文学院院长冯友兰教授撰文、中国文学系闻一多教授篆额、中国文学系主任罗庸教授书丹，皆为文学、金石和书法的极品，被后人称之为"三绝碑"。近年来，此碑先后被北京大学、清华大学、南开大学复制，矗立于三校校园内。

西南联大纪念碑

2006年，国务院将西南联合大学旧址公布为第六批全国重点文物保护单位。

十五、重任在肩——龙头村中央研究院历史语言研究所旧址

1980年前后，我曾在昆明北郊龙头村的官渡区教师进修学校工作了三年。出了学校，穿过一条小路，就是宝台小学和宝台中学。两所学校都在一个很大的寺庙里，那时，我经常过去，对那座寺庙的情况至今记忆犹新。

寺庙的山门在一个高高的台阶上，进门后依次建有四座殿宇，皆为三楹，单檐歇山顶。虽然说不上雕梁画栋，倒也古色古香。小学部分占了前殿，东边有一个宽大的操场，操场两侧各有一排平房作为教室。中学在二殿和三殿之间的四合院内，院内古柏森森，当时中学初办，班级不多，三殿和东厢房作为教室，其他便是教职工宿舍。寺庙的大殿，即第四座殿宇则不在学校的范围之内，属于粮管所使用。

时隔20年，我又走进了这所学校，为的是寻访抗日战争时期迁昆的科研之一的中央研究院历史语言研究所旧址。

中央研究院历史语言研究所（以下简称"史语所"）是我国最早也是最为重要的研究我国各民族语言和历史的研究机构。这个研究所集中了一批当时我国语言学、历史学、考古学和人类学的顶级专家，代表着这些学科的最高水平，所长就是著名学者傅斯年。他们认为："要反对帝国主义的文化侵略，要了解自己的灵魂，应该先认识自己的历史，懂得自己的语言。"抗日战争前，震惊世界的安阳殷商遗址的发掘，抢救收集几乎被日本人买走的清代"内阁大库档案"，就是他们的杰作。

抗日战争爆发后，史语所同仁带着总计有一千多箱、重约一百多吨的包括殷墟文物和大内档案在内的大批珍贵文物和文献资料从南京出发，踏上了迁徙的旅程。先搬迁到长沙，长沙危急，又决定搬迁昆明。虽然这批珍宝的数量远没有故

宫博物院那样多，迁徙的规模也没有那样大，但它的文物价值和历史意义仍十分重要。

1938年1月到达昆明后，除了在城内靛花巷3号设有办事处外，还租用了龙头村的弥陀寺、东岳宫，棕皮营的响云寺和瓦窑村的普慧庵等几个寺庙作为工作生活的地方。当时，史语所设有历史、语言、考古和人类学四个组。普慧庵作为人类学组研究室，弥陀寺则集中了语言组、历史组和考古组，图书资料陈列于弥陀寺大殿，东岳宫前殿为职员宿舍，而史语所的办公室设于响云寺。

那时，史语所的研究人员有四五十人，加上职工家属有上百人之多。其中傅斯年、罗常培、李济、李方桂、梁思永、董作宾、吴定良、丁声树、石璋如等都是大名鼎鼎的学者。1948年，中央研究院评选出第一届院士81名，其中，史语所就有8名之多，占了十分之一。1955年，丁声树又当选为中国科学院学部委员。

与故宫国宝南迁不同的是，史语所对所带国宝，不仅进行保护，而且还进行了研究工作。在战火纷飞的艰难岁月，借龙头村一隅僻静之地，史语所的学者们，仍然继续着他们的学术研究。

1940年夏，日寇占领越南，敌机轰炸日渐频繁，大后方的昆明一时变得紧张起来，一部分教育科研单位又计划向四川、贵州搬迁。此时，史语所所长傅斯年就任中央研究院总干事，奔走于重庆与昆明之

史语所研究室当年工作场景

间，十分不便，于是，史语所又搬到四川宜宾的李庄。

史语所迁走后，响云寺和普慧庵又恢复了往日的宁静，而弥陀寺和东岳宫则变得热闹起来。弥陀寺成为云大附中的校园，东岳宫的后院是乡公所，前院又住进了冯友兰和客寓他乡的犹太人。中华人民共和国成立时期，弥陀寺成为小学校，而东岳宫改为粮管所，但其建筑风貌一直到20世纪80年代初期还依然如故。

然而，至2001年我再去寻访时，当年我再熟悉不过的弥陀寺已经完全变了样子，旧有的寺庙建筑大多都已拆除，改建为钢混结构的教学楼和教工宿舍，只有那些柏树依然苍翠。好在旁边粮管所内的作为史语所职工宿舍的东岳宫以及当年被称为"国统区最完整的文史图书馆"的弥陀大殿还在，总算为史语所的抗战时期的昆明岁月留下了记忆空间，也为我们寻访者带来了几分惊喜。

那次，我们对史语所使用的其他地点如棕皮营的响云寺和瓦窑村的普慧庵也进行了寻访，但都不复存在，只在棕皮营村见到了成为豆腐坊的招待所的一排平房。

新中国建立前夕，史语所迁至台湾，但他们为研究和保护中华文化遗产的业绩和精神将永远受到人们的尊敬。如今弥陀殿和东岳宫也已成为市级文物保护单位。

十六、战火中的古建筑保护——麦地村中国营造学社旧址

抗日战争爆发后,硝烟炮火弥漫祖国大地,大量房屋建筑毁于敌人的炮火与炸弹之下,具有悠久历史的传统建筑文化遭到空前惨重的破坏。而就在此时的昆明,一个专门从事古建筑保护研究的学术团体——中国营造学社恢复了工作。他们在社会动荡、交通阻隔的艰难条件下,继续在西南的山川田野间寻找被历史烟尘掩盖的古寺、古塔等老建筑,进行细心勘察,测绘照相,归纳整理,研究对比,记录在案。

这在外人看来近乎是天方夜谭的工作,他们却认为这正是抗战不可或缺的环节。因为,战争不仅是军事经济的较量,也是文化的较量。民族优秀传统文化,正是民族精神的集中体现,而古建筑正是民族的瑰宝。

成立于1928年的中国营造学社是最早用现代科学理论和方法对我国传统古建筑进行系统调查研究的学术团体。重新恢复工作的中国营造学社当时只有六个人——梁思成、刘敦桢、林徽因、刘致平、莫宗江和陈明达。

"卢沟桥事变"时,梁思成、林徽因夫妇还在山西进行野外调查,正沉浸在发现唐代建筑佛光寺大殿的喜悦之中,却不得不中断了考察,匆匆回到北平。没几天,日军占领了北平。1937年9月,梁思成一家及刘敦桢悄然离开了古都,西迁昆明。

梁思成一家于1938年1月到达昆明,住在巡津街9号一所名为"止园"的宅院里,并在中华教育文化基金董事会的支持下,重新恢复了工作。

营造学社在昆明恢复后所开展的第一项研究工作,就是对昆明的古建筑进行调查,由于梁思成病未痊愈,行动不便,外出调查由刘敦桢率刘致平、莫宗江、陈明达进行。那时,昆明城内及附近郊区有不少明、清寺庙及佛塔遗存,这些都

给学社的就近调查提供了许多良好的机会。

1938年10月至11月,经他们调查的古建筑有圆通寺、土主庙、建水会馆、东寺塔、西寺塔、真庆观大殿等50余处,几乎涵盖了昆明主要的古建筑。他们不仅从实测资料中对比西南地区与中原地区的建筑特点与风格,而且从昆明地区的历史发展、民族传统、地理特点、自然资源等多方面进行综合研究。1938年底,刘敦桢还率队到滇西北9个县,对140处古建筑进行了考察。其后来发表的《昆明及附近古建筑调查日记》及《云南之塔幢》等著作,就是那一段时期中他们辛勤工作的部分成果。

1939年初,营造学社被纳入中央研究院历史语言研究所(史语所)的编制,梁思成被任命为中央研究院的研究员,而史语所设在昆明北郊龙头村,为了利用史语所丰富的图书资料开展研究工作,中国营造学社搬迁到昆明北郊龙头村附近的麦地村兴国庵。1939年初至1941年底,中国营造学社以兴国庵为基地,在此工作生活了近三年,是中国营造学社历史中不可或缺的重要篇章。

初到麦地村时,他们的工作室设在娘娘殿,梁思成一家住在兴国庵内大殿旁一间泥土铺地的小屋里,屋子潮得可以浸出水来,只好在地上撒些石灰。而刘敦桢一家则另住在镇东的瓦窑村一家范姓农民的楼上。刘致平也住在瓦窑村头一所三间四耳上下厦式民居内。

兴国庵营造学社工作室

由于不知道战争何年何月结束,归期遥遥,于是梁思成和林徽因着手在棕皮营建盖了住房。

那段时期，梁思成、刘敦桢率队对四川、西康古建筑进行了野外调查。半年时间，跑了35个县，调查了古建、崖墓、摩崖、石刻、汉阙等730余处。当调查队回到兴国庵后，便开始整理大量的绘制图纸和文字资料，许多材料还需查证分析，简陋的殿堂内一片繁忙的景象。

抗日战争以前，营造学社关注的主要是皇宫、官署和寺庙道观，民用建筑未予重视。然而，从北京到昆明经过无数乡镇农村的旅途，打开了研究人员的眼界，使他们认识到中国民居在建筑学上的特殊重要性。各种住所的特色，它们同住户生活方式的关系，以及它们在中国各个不同地区的变化，都引起了他们的兴趣，于是，营造学社开始了对民居的研究工作，龙头村一带的民居成了调查研究的蓝本。

中国营造学社驻扎兴国庵两年左右，由于中央研究院史语所的搬迁，营造学社也只有随之离开了兴国庵，离开了他们仅仅居住了一年的新居。

2000年，当我们追寻历史的足迹，找到这个依然存在的"兴国庵"时，这座建筑已因年久失修而破旧不堪，而且被分割使用，只有其中一小部分仍旧作为宗教活动的场所。

出人意料的是，依据营造学社留下的老照片反复对比，居士们用于供奉佛像菩萨的那个庙堂，恰好是当年中国营造学社的工作室——娘娘殿。老照片上的娘娘殿窗子没有窗户，空空的，只有一横竖八的几股钢筋。所谓工作台，其实就是一块块宽大光洁的木版，用各种式样的桌子支撑着两端而已。

更令人高兴的是，梁思成和林徽因位于棕皮营的住房也完整地保留了下来。这座住房由两座相对的独立平房组成，三间正房坐西向东，两间附属用房则坐东向西。功能齐全，美观实用。在正房的南侧，连接着一所低矮一些的住房，有门与客厅相通，这便是后来他们的好朋友、哲学家金岳霖的住房。这所房屋的装饰部分与附近民居相比较，门窗较多，三间住房内全部安装了木地板，吊有顶棚，防潮而舒适，客厅里还设计了壁炉。尽管现在窗棂已经破损，壁炉陈旧不堪，地板也已残缺，但基本保存了60多年前的模样。

中国营造学社最终在四川李庄编纂完成了我国第一部具有划时代意义的巨著《中国建筑史》。这是中国营造学社和梁思成、林徽因等人献给抗日战争胜利最珍贵的礼物。抗战胜利后，营造学社也宣告结束。他们在战争条件下挖掘中国建筑文化的精髓并为我们描述出

棕皮营"梁思成、林徽因旧居"现状

传统文化的诗意，建立了中国古代建筑史体系，受到人民的敬重。因此，四川李庄的中国营造学社旧址被国务院公布为全国重点文物保护单位，昆明棕皮营梁思成一家的自建住房和兴国庵分别以"梁思成、林徽因旧居"和"中国营造学社旧址"被列为市级和区级文物保护单位，文管部门还对这位建筑大师一生唯一自建的棕皮营住房进行了维修。

十七、仰望星空——抗战时期的凤凰山天文台

昆明东郊,凤凰山云南天文台,一座座有着美丽弧线的洁白圆顶建筑在绿树丛中,在蓝天白云之下,格外醒目。

天文台里最雄伟壮观的建筑就属嫦娥奔月工程的主要配套工程之一——40米射电天文望远镜了。它矗立在凤凰山云南天文台东部一片35亩土地的宽阔空地上,圆柱形塔身的高度相当于15层楼,"U"型的巨臂托着直径40米、面积达4个篮球场大小的天线圆盘,蔚为壮观。观测时天线圆盘作一定角度倾斜,像一朵庞大的向日葵,默默地注视着35万公里之外的"嫦娥"卫星。观测结束时,圆盘又水平向上,仿佛是一只巨型酒杯,盛满了庆功的美酒。

然而,更令人感叹和肃然起敬的是,当许多地方的人们为了追求时尚而数典忘祖,将承载着过去岁月的历史建筑弃若敝屣、随意拆除的时候,这个天文台的科技工作者却将一幢幢代表不同历史时期的建筑,完整地保留下来,即使是早已停止使用的陈旧建筑,也没有人为损毁。这些历史建筑与今天现代化的建筑一起,完整地记载了天文台的前世今生,展现了天文台完整的发展历程。

走进云南天文台,就像走进了一座天文建筑博物馆。凤凰山天文建筑群中,保留着他们的开山鼻祖——抗日战争时期中央研究院天文研究所旧址。那是隐藏在茂密的树林之中的两幢低矮陈旧的建筑,如果没有人指引,它不会引起人们的注意。

七十年前,抗日战争初期,被誉为"中国现代天文学的摇篮"的中央研究院天文研究所在所长余青松的率领下,带着南京紫金山天文台的主要仪器撤退内迁,1938年春天到达昆明,并在小东城脚20号租了一所私宅,权且安身。同时,选定凤凰山作为台址,因陋就简,建盖了三幢平房和观测圆顶室,应用从南京带来

的变星仪、太阳分光仪等仪器,继续观测研究工作。

当年的三幢房屋还有两幢完好地保留至今。这是两幢砖木结构的中西式结合的平房,斜面中式瓦顶,瓦当上烧刻有"中

中央研究院天文台旧貌

研院天文所"字样。两幢房屋相距百米左右,由一条两侧栽满柏树的道路相连接。建筑面积大约各为200多平方米。北边的一幢平面呈"T"型,共五间,是当年的图书室和办公室。其中一间上面加了一层,这一层就是变星仪圆顶观象室;南边的一幢为三间平房,是当年科研人员和职员的宿舍。此外,还有一幢原来作为厨房的房屋因年久失修而坍塌,但地基还完整的保留着。

这两幢建筑中,最值得注意的是变星仪圆顶观象室。变星仪是一种通过造父变星的周光关系测量天体距离的仪器,有"量天尺"、"宇宙中的标准烛光"之称。当年,从美国进口的罗氏100毫米变星仪就安放在圆顶室,这是天文研究所的主要设备,他们用它重新开始太阳黑子、色球和变星的常规观测,并用它观测天体方位、形态、光度、光谱,以从事理论天文学、天体物理学的研究,以及测量经纬度及子午线,以供编历授时,编撰天文学图书,答复政府及社会对于天文问题之咨询。

这个观象室只有10平方米左右,四面是砖墙,砖墙上就是天文建筑的标志——可以转动、局部可以开闭的圆顶。没有想到的是,这个圆顶的龙骨居然是木

制，覆面的是镀锌铁皮，用手柄摇动链条转动滑轮，带动圆顶转动。安放变星仪的简易扁钢支架在房屋的正中，为了稳固，支架直通楼下地基之中。

置身于这样的空间，观察着如此简陋的设施，想象着我国一代最优秀的天文学家在此忘我工作的情景，令人感慨万千。这就是战争，这就是坚韧。进入这个场景，一代学者立足抗战，放眼星空默默工作的身影恍然再现，使人感受到他们热爱祖国献身科学的火热情怀。

据史料记载，抗日战争时期，先后在此工作的科学家大约一二十人，其中三任所长余青松、张钰哲、陈遵妫都是我国天文事业的开拓者和奠基人、国际著名的天文学家。其中，张钰哲是发现新行星的第一位中国人。由于他的发现，早在1930年代，天空中就出现了以"中华"、"中国"命名的行星。

在科普方面，天文所继续每年一本的《国民历》的编制，作为官方的历书出版。还在昆明街头4个不同的地方挂上时钟，为群众生活提供校正时刻的服务。1941年，还举行了我国第一次有组织的现代日食观测。

凤凰山天文台是抗战期间代替紫金山天文台的中国唯一天文台，从而使中国的天文科学没有因为抗日战争而中断，另一方面，也开创了云南的现代天文事业。抗战结束后，中央研究院天文研究所返回南京，但所长陈遵妫认为昆明观测条件比南京好，放弃在昆明的观测基地太可惜。于是，与云南大学校长熊庆来商定凤凰山天文台由双方共管，继续天文观测。中华人民共和国成立后，该处先设为云南大学凤凰山天文台，后又改为紫金山天文台昆明工作站。1972年成立中国科学院云南天文台。

从中央研究院天文研究所到中国科学院云南天文台，从简洁的平房到一幢幢高楼，从100毫米变星仪到40米射电天文望远镜，七十年弹指一挥间，凤凰山演绎了传奇，也铸就了辉煌。云南天文台也成为科普和爱国主义教育基地。2003年，昆明市官渡区政府将中央研究院天文研究所旧址公布为文物保护单位，现已升格为市级文物保护单位。

十八、抗战时期的黑龙潭——云南农林植物研究所和北平研究院物理研究所旧址

昆明北郊龙泉山下的黑龙潭因源出两泉而分南北两潭，南潭深邃清碧，北潭浅而浑浊，两水相连却不相混，黄黑分明，蔚为奇观，潭边建有黑龙宫。黑龙潭旁的龙泉山上，传说远在汉代就建有"黑水祠"，号称滇中第一古迹。元代道教一度兴盛，道士们看中这里山灵水秀，就在汉"黑水祠"旧址上建造了道观，取名"龙泉道院"。明朝著名道士刘渊然主持道院，仁宗皇帝赐名为"龙泉观"。其后数百年来，龙泉观和黑龙宫古木参天，奇花异木，磬鼓香烛，经声抑扬。民国年间，黑龙潭改为龙泉公园，以潭深水碧、唐梅宋柏、元杉明茶、旧观古墓、楹联碑刻吸引远近来客。

然而，抗日战争时期，由于云南农林植物研究所和北平研究院物理化学研究所的进驻，这个宗教场所和旅游胜地成为了科研和军工厂重地。

黑龙潭成为科研和军工厂重地，源于著名植物学家蔡希陶。1932年10月下旬，蔡希陶受北平静生生物研究所的派遣到云南进行为期3年的植物采集工作。抗战开始，蔡希陶又来到昆明，筹设静生生物研究所昆明工作站。他与云南省教育厅商定：静生生物研究所和省教育厅联合举办云南农林植物研究所，并选定黑龙潭内的黑龙宫作为所址。1938年8月，云南农林植物研究所正式成立。静生生物研究所所长胡先骕任云南农林研究所所长，蔡希陶是研究人员，兼任龙泉公园的经理。

就在这时，由法国归来的严济慈正苦于在昆明城内找不到合适的房子安顿由北平搬迁到昆明的北平研究院物理研究所。

北平研究院成立于1929年，是我国除中央研究院之外的最重要的研究机构，

当年设有物理、化学、生理、动物、植物、史学等六个研究所,严济慈是物理所的所长。他到黑龙潭找到同乡蔡希陶,发现龙泉公园十分清静,附近茨坝还有机械加工实力雄厚的中央机器制造厂,于是便选定了龙泉观的庙宇,把研究所搬了过来。随之而来的还有北平研究院的化学研究所。

当年,云南农林植物研究所在黑龙宫,而北平研究院物理所、化学所在龙泉观。物理所使用前面的真武殿,而化学所使用后面的三清殿。现在,这些殿宇都很好的保留着,只是很少有人知道抗日战争时期发生在这里的故事,也很少有人知道党和国家领导人、世界著名的物理学家严济慈,著名的物理学家、教育家钱临照,国际著名学者、植物分类学家、我国近代植物学的开拓者和奠基人胡先骕,被誉为"云南植物科学界

1938年的龙泉公园

一代奠基人"、西部大开发的一位先驱性人物的植物学家蔡希陶等都曾在此工作和生活。

黑龙宫云南农林植物研究所的专家学者,基本上是静生所的班底,包括静生所在江西庐山森林植物园的一些专家学者也来到这里一起工作。他们充分利用云南"植物王国"的优势,一方面完成省教育厅委托的各项调查研究工作,一方面结合自己的学科特长和科研课题,足迹踏遍三迤大地,继续开展调查采集,进行基础研究,使得黑龙潭成了当时中国植物分类学的研究中心。其中,他们在培育和推广烤烟品种"大金元"的过程中贡献突出,为云南烤烟获得了世界声誉。

北平研究院物理研究所并不是单纯的研究机构,迁至黑龙潭后,便接受了为

战时服务的仪器生产任务。他们在所长严济慈的领导下,以钱临照、钟盛标、陆学善、顾功叙、吕大元等科技人员为骨干,招了一些中学毕业的年轻人做学徒加以训练,便开始了工作。他们在龙泉观的真武殿架起了机床仪器,开办了一个不是军工厂的军工厂,而偏殿、厢房等,就是他们的研究室和住房。严济慈就居住在真祖殿右侧叫做"云亭"的小院内,钱临照一家则住在"唐梅"旁的厢房楼上。

据统计,物理研究所为前线共制造了500架1500倍的显微镜,1000多具无线电发报机稳定波频用的水晶振荡器,300多套军用五角测距镜和望远镜,并制成国产第一批精度达到国际水平的丙式水准仪。第二十二兵工厂生产的望远镜等光学产品,也得到了他们的

北平研究院物理研究所在黑龙潭制作的显微镜

协助。这些现在看来很简单的东西,在当时却是我国的尖端产品。更为重要的是,他们培养了一批光学仪器和精密仪器制造的人才,后来都成长为新中国光学研究的骨干力量。

此外,研究员王序负责的化学研究所也成功地分析了土大黄、丹参、射干等中草药的成分,确定它们的分子结构,并进行了天然成分的合成研究。

黑龙潭虽然环境优美、清静,但作为研究机构,条件就显得差强人意。不仅办公用房、职工宿舍十分简陋,交通也不便,十分偏僻,太阳还未落山就得关上大门,夜间也要派专人执勤守夜,以防豺狼和盗贼。

龙泉公园内房舍不敷使用,好在由于成绩显著,省教育厅在龙泉公园外拨出

10亩地建新云南农林植物研究所所址。1940年1月,新所办公室落成,厅长龚自知书题"原本山川,极命草木"八字勒石嵌于办公室正面墙上。同年8月,缪云台主持的省经济委员会也出资签约加入合作,按年拨给经费。新办公室只建了200多平方米,所以同时黑龙宫仍然使用。

北平研究院物理研究所也筹措资金,在龙泉公园外征用了一片土地,建盖了工厂和员工宿舍,逐步搬出了龙泉公园。现在昆明植物所内,有一所中西式结合的简洁平房,静静地隐藏在绿树丛中,就是北平研究院物理研究所所长严济慈建盖的住宅和办公地点。

抗日战争胜利后,北平研究院物理研究所和化学所迁回北京,而蔡希陶及其他少数职工,却舍不下云南的红土地,舍不下开创的事业而留了下来。严济慈把房屋和土地都送给了蔡希陶留守的云南农林植物研究所。蔡希陶一家就住进了严济慈留下的房屋。今天的中国科学院昆明植物所的办公区和科研区,就是在严济慈的北平研究院物理研究所基础上扩大发展形成的,而蔡希陶的云南农林研究所用地,就是现在的植物园。

昆明植物所内"严济慈、蔡希陶旧居"侧面

现在龙泉观和黑龙宫已经是省级文物保护单位,但没有将抗日战争科研和军工重地列为一个价值点。2003年,官渡区人民政府将严济慈、蔡希陶居住工作过的平房公布为文物保护单位,以纪念这两位著名的科学家。

十九、赤子功勋——南洋机工训练所旧址

1937年"七七事变"爆发后,日本封锁中国沿海,抗战所需各种国际援助物资运输受阻。云南各民族同胞组成的20万民工队伍,用大锤、火药炮杆、十字镐等十分简陋的工具,从1937年11月18日开始,仅用了287天,于1938年8月底修通了由昆明经楚雄、下关、保山、芒市、畹町、瑞丽到缅甸腊戍全长1146公里的滇缅公路,创造了公路史上的奇迹。

滇缅公路运输的主要工具是汽车,而驾驶汽车需要司机。1938年冬,昆华师范学校校舍成为为滇缅公路培训司机的西南运输处的司机训练所。昆华师范学校位于潘家湾,就是后来的昆明师范学校和昆明师专,当时建成不久,占地80亩左右,建筑新颖宏伟。

西南运输处是战时中国政府管理运输的主要机构,直辖于国民政府军事委员会,本身就是一个准军事组织,各运输队实行半军事化管理,加入这个团队的,必须进行专门训练。因此,这个司机训练所不仅仅是一般的驾驶学校,更是对驾驶员进行政治教育、半军事化训练,使驾驶员适应敌机轰炸下滇缅公路运输需要的特殊单位。

西南运输处司机训练所在昆华师范校舍只有短短一年的时间就迁往四川的叙永县,但这一年中,在这里接受培训的各类人员就达万人左右。其中,3000多名"南洋机工"在这里度过了归国参加抗战的最初时光,为走上岗位进行了必要准备。"机工"是华侨对汽车司机和修车技术人员的统称。"南洋机工"就是来自新加坡、马来西亚以及印尼等地的汽车司机和修车技术人员。滇缅公路建成后,国际援助的大批军事物资运输量很大,急需大量汽车、司机及修理工,而那时国内汽车驾驶员及修理工十分缺乏。紧急之时,西南运输处处长宋子良致函新加坡

"南洋华侨筹赈祖国难民总会"主席陈嘉庚,请求他在南洋代为招募华侨汽车司机和汽车修理技工参加滇缅公路的运输工作。

陈嘉庚先生接到宋子良的函件后,认为此事事关抗日大业,义不容辞,立即召开南洋总会专门会议。会议决定在各地华侨报纸上发布通告,公开招募机工回国服务。通告发出后,立即得到渴望回国参加抗战的爱国华侨的热烈响应,报名应征形成热潮,报名人数超过5000名之多。经过严格的考核筛选,先后由南侨总会招募的南洋机工共3192人,加上其他自发回国被编入西南运输公司的南洋机工,总人数超过3260人,总称为"南洋华侨抗日回国服务团"。

在通告发表10天后,1939年2月28日,号称"八十先锋"的第一批80名南洋机工踏上了回国抗日的征程。陈嘉庚说:"国难当头,华侨机工放弃了海外的职业,愿回国服务,不但利益减少,工作亦较辛苦。然以青年有志具此牺牲精神,足为全马来亚之模范。"

每一批抵达昆明的南洋机工,第一站就是进入位于潘家湾昆华师范学校的西南运输处司机训练所,接受为时两个月的训练。其他人员随后也分七批出发,先后到这个训练所受训。

在这里,他们脱下了五颜六色宽松的各式服装,穿上了统一的制服;每天有严格的作息时间,早晚出操,按时起床睡觉,一切统一指令。睡的是用稻草铺就的地铺,洗漱是井水,吃的没有了咖喱,喝的没

训练所旧址——昆明师范学校

有了可可、咖啡……对于缺乏集体生活习惯，过惯了南洋松散生活的侨工，还未上滇缅路，就感到了紧张和艰苦。

军事训练除了例行的队列、行军、体能训练外，主要课程是防空演习。如何识别敌机、如何伪装车辆、如何夜间行车、如何躲避敌机轰击等，都是学习的内容。云南南洋机工联谊会会长王亚六先生回忆道："遇敌机轰炸卧倒时胸部不能紧贴地面，否则就会因爆炸导致的地面强烈震动震坏心脏——这个知识就是在训练所学到的。"当然，山地行车以及防治疟疾等也在培训内容之列。

经过两个多月的军训，南洋机工专门编为第11、12、13、14四个运输大队，稍后又以海外华侨捐献的300辆汽车组建了"华侨先锋运输"第1、2两个大队，分别以昆明、下关、保山、龙陵、遮放、畹町为基地投入运输工作。

1940年6月20日，法国政府封闭滇越铁路之后，滇缅公路成为运输国际援助物资的唯一出海通道。历史赋予南侨机工的重要使命，就是增强"输血管"的运行能力。他们一方面由缅甸运进大量抗战急需的车辆设备、汽油、武器弹药、通信器材等军需物资，提高抗日军队的战斗力；一方面又把桐油、滇锡、钨砂等物资运输出口，支付购买军需物资的贷款，维护中国的国际信誉，继续取得国际援助。

蜿蜒起伏于滇西群山中的滇缅公路翻越横断山脉、怒山、高黎贡山等南北走向的群山，横跨漾濞江、澜沧江、怒江等湍急的江河险滩。山脉起伏落差极大，路面狭窄，往往公路一边是峭壁悬崖，一边是万丈深渊。而且大部分道路为土路，晴天灰尘蔽日，雨天泥陷路滑，稍不留意便会发生事故，车毁人亡。

当时滇缅公路上，一片繁忙景象，共有17个汽车大队，约3000辆各种型号的运输卡车日以继夜来回穿梭。南洋机工车队的6个运输队，拥有1100余辆进口的"道奇"、"雪佛兰"、"捷姆"卡车，占了全部运输卡车的三分之一，是滇缅公路运输的骨干车队。

南洋机工承担着艰巨的任务,也面临着严峻的考验。他们披肝沥胆、流血牺牲、英勇奋斗,勇闯"道路艰险"、"瘴疟疫病"、"日军轰炸"、"生活困难"四大险关的生死考验,出生入死,克服重重困难,抢运了数十万吨军需战略物资,用汗水、鲜血和生命铸造了抗战的输血管和生命线,为抗日战争的伟大胜利作出了贡献。

1942年5月4日,敌军进攻至怒江边,中国工兵毅然炸毁连接两岸的惠通桥,阻止敌军前进,滇缅公路运输随之中断。由于惠通桥突然炸断,南洋机工被分为两部分,留在怒江以西的200多名人员艰难脱险,参加了中国远征军到印度工作,留在怒江以东的则度过了一段艰难时光后分别加入军队和民用运输单位,帮助抢运撤退物资、抢修汽车,还建成了汽车修理厂,继续为抗战服务。

1945年8月15日,日本宣布无条件投降。此时,南洋机工已有1000多人壮烈牺牲,将年轻的生命奉献给了亲爱的祖国。还有1000多名南洋机工因为选择继续报效祖国,留在了国内,只有1144名重返故乡。

"南洋华侨机工"是抗日战争时期一个肩负特殊使命、影响较深远的运输团队。3200多名南洋机工,每个人参加抗日战争的经历,都是一段感人的故事。为了纪念南洋华侨机工在特定历史时期与环境中的特殊功绩,表彰和弘扬华侨的爱国精神,1989年7月7日,雄伟庄严的"南洋华侨机工抗日纪念碑"在昆明西山落成,碑座上刻着四个精美的大字:赤子功勋。

南洋华侨机工抗日纪念碑

二十、抗战之声——昆明广播电台及其旧址

第三次全国文物普查昆明地区调查工作开始不久，五华区文管所的同志通报说，他们发现了昆明广播电台旧址，这是所建于抗日战争时期的广播电台，但里面演播厅的声学装修完全保持了原貌，吸声效果非常好，至今还在使用，有着重要的历史和科学价值。于是，2008年12月的一天下午，我们一行前往考察。

昆明广播电台旧址位于潘家湾省广电厅职工宿舍大院内。从外观看，那是一幢很普通的二层楼房，在周围六七层高的住宅楼中间，显得有些低矮。水洗石的墙面，铁门钢窗，完全不像民国时期的建筑。只有大门上的雨檐转角成弧形，拉着长长的凹形线条，才有点民国建筑的风味。看来，这幢建筑的外立面曾经改造并有所加建。

走过小小的门厅，是一条分为两路的走道，走道的外侧，是电台的各种工作用房。许多房间似乎闲置多年，摆放着各式各样陈旧的整流器、滤波器、变压器等专业设备，线路密布，据说许多设备还是新中国成立前留下来的。令人颇感意外的是，正中的净空两层的演播厅

昆明广播电台大门旧址

居然像是一个小型剧场，正面是高约1米、深约6米的舞台，舞台弧顶边框的装饰图案，带有浓郁的欧式风格，舞台的对面还有楼厅。只有那厚重的两道隔音门以及墙面，还有吊顶安装的形态各异的吸音材料在提醒着大家它播音的功能。在

演播厅里说话，声音会变小但很清晰，这让我们一行人颇感新鲜。

当初，这个广播电台的名称虽然叫做昆明广播电台，但并非昆明市或云南省所办，而是由民国政府中央广播事业管理处筹建和管辖，全称为"中央广播事业管理处昆明广播电台"，其成立的主要目的，就是为了"宣传抗战、发展民气"。

战争初期，大片国土沦丧

昆明广播电台演播厅旧址

敌手，广播事业遭到了日本侵略者的严重摧残。1937年11月，在南京的中央广播电台停止了播音。此后虽然在重庆恢复播音，但发射功率已由战前的75千瓦减为10千瓦，不能适应国内外抗战宣传的需要。于是，民国政府在1939年建立国际广播电台的同时，又在西南、西北地区建立了新的广播电台，其中规模和影响比较大的有昆明广播电台、兰州广播电台和贵阳广播电台。

文史专家戴美政先生对昆明广播电台历史进行过长期专门的研究，发表了一系列论文。从他的文章中，我们可了解到昆明广播电台的规模、特点以及它对抗战作出的贡献。

昆明广播电台于1938年5月筹建，1940年8月1日正式播音。此时，广播设备上得到英、美的援助，发射功率增大，昆明广播电台使用了功率50千瓦的中波发射机，当局称为"强力广播电台"，是当时国统区功率最大的广播电台。

建筑工程设计科学，用材精良，坚固结实，安装讲究。主墙厚约97厘米，内部隔墙厚约40厘米，大发音室（演播厅）、小发音室（播音）均被两道墙体包围，所用数千块吸音板全由美国进口，有着极其良好的声学性能。昆明广播电台的播出信号经地下电缆传送到11公里外的普坪村地下机房,再由铁塔天线发射至空中,发射天线高202.6米。

为加强专业技术队伍建设,除从中央电台调入部分骨干外,还重点招聘西南联大师生到电台任编播人员。开播后在该台工作的刘俊英、吴祥祜、高义等,均为当时中国广播界的著名人物,联大师生占职工总数的一半以上,大批西南联大学生进入昆明广播电台后,成为该台编播工作的主要力量。

抗日御侮是抗战期间昆明广播电台新闻宣传报道的主要内容,主要面向海外播音并兼顾国内。昆明广播电台开播初期,每天播音两次,共约5小时,节目分为新闻、专题、文艺、汉语方言和外语广播五大类节目。

除国语广播外,该台先后开播的外语广播有英语、法语、越南语、缅甸语、日语、泰国语、马来西亚语等。外语广播语种居全国第二。

在此期间,昆明广播电台与西南联大形成了特殊的合作关系,聘请西南联大教授蔡维藩担任电台特约专员,组织起一个学科齐全、阵容齐整的广播演讲专家群体,使"名人演讲"、"学术讲座"、"时事论述"、"空中学校"等节目办出了特色和影响,就连重庆的中央广播电台和国际广播电台也经常转播昆明电台的节目。

昆明广播电台文艺节目丰富多彩,主要有戏曲、歌咏、国乐、西乐等。其中,每周六的"特别节目"主要约请外来文艺团体和文艺界人士演播,

昆明广播电台旧址原貌

最受听众欢迎。

抗战时期,国统区电台共有21座,其中,国民党中央直属的广播电台有14座,总功率143.29千瓦。这些电台中,昆明广播电台的发射功率名列第一,占全国电台总功率的37.1%。因此,抗战期间中央广播事业管理处的有关文件和统计资料等,在所属广播电台的排序上,一直都将昆明广播电台列为第三位,紧随重庆的中央广播电台、国际广播电台之后。昆明广播电台在抗战广播全局中的重要地位便不言而喻。

广播电台,是采编、制作并利用无线电波传送声音节目的大众传播机构,具有传播迅速、对象广泛、不受山川河流阻隔的优势。战争时期,这里虽然没有炮火硝烟的壮烈场景,但平静之中,在昆明广播电台不大的空间里,留下多少大师们睿智的思辨和精彩的话语,记录了多少职工辛勤的身影和智慧。他们通过感染力极强的新闻时评指点江山,揭露敌人的阴谋与罪恶,宣传抗战的正义与必胜的道理;通过军事动态报道我军英勇顽强的战斗精神,鼓舞民众士气;通过精彩的文艺节目传播中华传统和世界优秀文化,点燃希望,抚慰受伤的心灵;通过科技节目传播,为重建祖国做知识准备等等,这些无疑成为了抗日战争中强大的精神力量。

新中国成立至1969年的二十年间,此处一直是云南人民广播电台旧址。1983年5月,云南音像出版社成立,使用该处至今。

二十一、附　记

从最近结束的全国第三次文物普查的成果看，目前昆明市范围内留存的涉及抗日战争的历史建筑数量不少，限于篇幅和体例，前面所介绍的，只是其中的一部分。据收集到的资料，还有以下项目，现附记于后。

抗日军事将领旧居方面：

昆明西郊玉案山下海源寺旁的龙云的灵源别墅。抗战八年，龙云任第一集团军总司令、昆明行营主任并兼任陆军总司令部第三预备军司令长官。1939年至1940年间，灵源别墅还是云南通志馆的驻地，《新纂云南通志》的修编工作在此完成。

翠湖南路4号的卢汉公馆。抗日战争期间，卢汉先后任第六十军军长，第三十军团团长，第一集团军副总司令、总司令，第一方面军总司令。日本投降后，1945年9月28日，卢汉率第一方面军进入越南，接受日军投降。

大观公园内的鲁道源别墅。鲁道源任第五十八军师长、副军长，1942年升任军长，率部转战华中。1945年8月14日，奉令在南昌接受日军第六野战军投降。

景星街马家大院。该大院内走出了三位抗日将军，分别是负责征兵训练补充前线的云南军管区副司令马鉁，先后任第六十军参谋处长、第一集团军副参谋长、滇越边区总司令部参谋长的马锳和第五十八军新十一师副师长的马崟。

安宁大双村的吕继周故居。吕继周任第三军十二师师长时，参加中条山血战。1941年4月升任第三军副军长兼参谋长。1943年10月因病去世。

位于西山高峣的愚华山庄，系当时云南省政府接待军政要员的高级招待所。1941年后，主要接待盟军和中国远征军的高级将领。

飞虎队方面：

位于基督教圣约翰堂的"纪念在华殉难盟军将士碑"。抗日战争时期，有17位盟军牺牲的战士骨灰存放于圣约翰堂。昆明基督教徒特立此碑，以纪念抗日战争期间在华壮烈牺牲的盟军烈士。

位于小板桥的美国空军医院旧址。

烈士墓及纪念设施：

西山高峣后山的杨杰墓。1938年8月至1940年4月，杨杰任中国驻苏特命全权大使，在杨杰的积极奔走下，短期内即争取到苏联4.5亿美元的贷款并派出了数百架飞机和2000多人的航空支援队以及军事顾问团，支援中国前线。

西山高峣的毛友桂烈士墓。毛友桂，云南个旧人，原美国陆军航空兵第14航空队23大队74中队飞行员。1943年8月20日在桂林空战中，为掩护轰炸机与日机鏖战，在击落一架敌机后不幸中弹，并驾驶受损飞机撞向日机与之同归于尽。

西南联大名人旧居方面：

西仓坡1号的梅贻琦旧居。梅贻琦，西南联大常委、清华大学校长，其在昆明8年的大部分时间居住在此。1940年初，为了躲避敌机轰炸，搬至大普吉附近的梨烟村，1941年又迁至同村的惠家大院。

龙院村惠家大院。原房主为爱国报人惠我春，抗日战争时期，大院居住过众多著名的大师级人物，其中包括吴有训、赵忠尧、赵九章、任之恭、范绪筠、余瑞璜、叶楷、杨武之、姜立夫、赵访熊、吴达元、杨业治、朱自清等。

龙门村周培源旧居。周培源系我国著名科学家、教育家和社会活动家，曾任全国政协副主席，于1938年至1942年底居住在此。

龙头村冯友兰旧居。1919年赴美留学，获哥伦比亚大学博士学位的冯友兰一直致力于弘扬中国传统文化，曾任西南联大文学院院长、教授、清华文科研究所所长，并撰写了《国立西南联大纪念碑》碑文。

陈家营华罗庚旧居。华罗庚,自学成才、享誉世界的著名数学家。其第一部专著《堆垒素数论》的手稿就是在陈家营的杨家宅院内完成的。

司家营闻一多朱自清旧居。该宅院至今犹存,门牌现为 61 号。2002 年,官渡区政府以"闻一多、朱自清旧居"的名称,将其公布为市级文物保护单位。

工业建筑方面:

海口云南水泥厂立窑。1938 年我国科学工程人员自己设计制造的全国第一座半机械化立窑。所产水泥,主要供给修建机场跑道和其他军事设施使用,少量为民用,极大缓解了云南水泥紧缺的局面。

文化教育方面:

呈贡县城南郊大古城的魁阁。抗日战争时期是云南大学、燕京大学的社会学研究室"实地调查工作站"的驻地。在"魁阁",费孝通等以研究农村经济为主题,并开学术讨论新风,被公认为是中国社会学开始走向成熟时期的标志。

呈贡三台山的冰心默庐。抗战初期,著名作家冰心和丈夫、社会学家吴文藻在此居住两年,从一篇《默庐随笔》可以看到,这里也寄托着战争时期他们对祖国和人民的热爱。

呈贡县龙街村张天虚故居。张天虚是左翼作家。抗日战争爆发后到延安,参加了八路军西北战地服务团,并任通信股长。1938 年初,受党的派遣,到六十军一八四师负责宣传组织工作,参加了台儿庄战役。1941 年 1 月病逝。

晓东街南端的南屏电影院原来叫南屏大戏院。戏院始建于 1938 年,在抗日战争中放映影片 500 多部,对丰富后方文化活动、稳定民心起到了积极的作用。

昆明北门街的北门书屋旧址。北门书屋是爱国民主人士李公朴 1942 年底创办的书店,以销售和出版抗战和进步书刊而闻名。除了公开出版物以外,还秘密出版了毛泽东著作如《新民主主义论》、《论联合政府》、《论解放区战场》和党的文件,传递了敌后战场的声音。

晋宁县新街安江村国立艺专旧址。国立艺专是由北平艺术专科学校和杭州艺术专科学校在抗战内迁的途中合并成立的高等艺术学校，于1939年搬迁到安江村。一代艺术大师潘天寿、常书鸿、吴冠中等在此留下了足迹和身影。

安宁温泉环云崖摩崖石"虎啸生风图"。该图为著名画家张善子于1939年创作。构图为一虎虎生威的猛虎，咆哮着、怒吼着扑向富士山。具有鲜明的爱国激情，表现了反对日本帝国主义侵略、战胜日本帝国主义的决心。

其他还有：

红庙村和团山交通部昆明国际无线电支台旧址。电台于1938年建成投入使用，与成都台一起承担国际无线电通信业务。通过这两座电台，我国与美、英、苏、印、澳等国保持了便捷的空中电波联系。

护国路云南矿业银行旧址。抗日战争时期昆明金融业繁荣的标志之一。

碧鸡关隧道。1940年建筑的滇缅铁路的隧道之一。1942年因滇西失守，线路实际铺轨仅仅从昆明修到了安宁，但对安宁钢铁工业基地的形成与发展起了很大作用。

此外，滇越铁路、石龙坝水电站等老企业在抗日战争中也发挥了巨大作用。

滇越铁路原昆明站现存礼堂墙壁和抗日战争时期修建的货运楼。在抗日战争全面爆发之后的四年间，滇越铁路是我国唯一与国际相联系的铁路国际运输线。除了战略物资源源不断地从滇越铁路输送而来，大批学校、科研院所、工厂也从内地经香港或广西进入越南，经由滇越铁路向云南昆明转移。

抗日战争时期，石龙坝水电站由民用电转为军工生产和防空报警电源供电。并增建第三车间，修复两台240千瓦水轮发电机组安装发电。由于钢材缺乏，引水管创造性地采用外箍木管代替钢管作为进水管。"引水管不用钢材用木材"，创造了水电建设史上的一个奇迹。